GUÍAS VISUALES

AF277083

TOP **10**
SICILIA

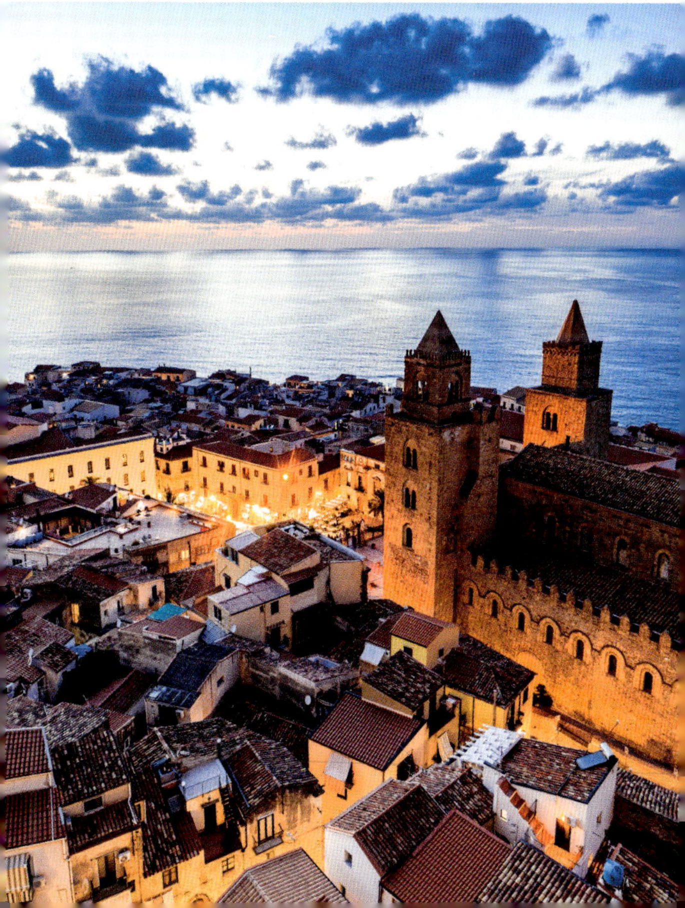

Top 10 Sicilia

Lo mejor de Sicilia

CONTENIDOS

Recorridos por Sicilia

Datos útiles

Las listas Top 10 de esta guía no siguen un orden jerárquico en cuanto a calidad o popularidad. Cualquiera de las 10 opciones, a juicio del editor, tiene el mismo mérito.

Portadilla, cubierta y lomo Los tejados de Cefalù y el mar Tirreno

Contracubierta, desde arriba a la izquierda y en el sentido de las agujas del reloj Siracusa; costa jónica de Sicilia; Taormina al atardecer; el Etna; Cefalù; el pintoresco Forza d'Agrò, Messina

Debido a la pandemia de COVID-19 muchos hoteles, restaurantes y tiendas han modificado sus horarios o se han visto obligados a cerrar. Por favor, consulte con cada establecimiento antes de acudir.

Toda la información de esta Guía Visual Top 10 se comprueba regularmente. Se han hecho todos los esfuerzos para que esta guía esté lo más actualizada posible a fecha de su edición. Sin embargo, algunos lugares han podido cerrar y algunos datos, como números de teléfono, horarios, precios e información práctica, pueden sufrir cambios. La editorial no se hace responsable de las consecuencias que se deriven del uso de este libro, ni de cualquier material que aparezca en los sitios web de terceros, además no puede garantizar que todos los sitios web de esta guía contengan información de viajes fiable. Valoramos mucho las opiniones y sugerencias de nuestros lectores. Puede escribir al correo electrónico: **travelguides@dk.com**

Bienvenido a
Sicilia

Sicilia siempre ha sido una encrucijada de culturas y civilizaciones inquietante. Junto al extremo de la península itálica, su posición estratégica en el Mediterráneo ha llamado por igual la atención de visitantes e invasores. En la actualidad, la abundancia de yacimientos históricos, su belleza natural y las playas para toda la familia la convierten en un destino vacacional ideal. Con la guía Top 10 Sicilia ya puede comenzar a explorarla.

A lo largo de la historia, Sicilia ha formado parte de Grecia, ha sido provincia romana, plaza fuerte bizantina, califato árabe, reino normando, peón de España y los Borbones y, finalmente, parte de una Italia unificada. Los vestigios de épocas pasadas están omnipresentes, conque no es raro que la isla haya desarrollado una poderosa identidad propia, hasta el extremo de que el gran escritor alemán Johann Wolfgang von Goethe dijo que «sin Sicilia, Italia no deja huella en el alma; aquí está la clave de todo».

Hoy día Sicilia sigue siendo esa clave: la isla más grande del Mediterráneo es una explosión de colores e idiosincrasias que resulta al mismo tiempo tentadora y desconcertante para quien la visita. Pero en cuanto se recorren sus ruinas, se vive el bullicio de sus mercados mientras los residentes atienden sus asuntos cotidianos, se contempla a amigos jugar a las cartas en la plaza mayor o se disfruta de los alimentos por los que es famosa la isla, resulta imposible no quedar cautivado.

Tanto si se trata de una estancia de un fin de semana como de una semana entera, la guía Top 10 reúne lo mejor que Sicilia tiene que ofrecer, desde playas soleadas y verdes montañas hasta tesoros arqueológicos u ornamentados palacios reales. Esta guía contiene consejos útiles para disfrutar de actividades gratuitas o lugares fuera de los circuitos habituales, además de siete sencillos itinerarios concebidos para abarcar numerosos lugares de interés en un breve espacio de tiempo. Si a esto se añaden unas fotografías inspiradoras y mapas detallados, se obtiene el compañero de viaje imprescindible. **Disfrute de la guía y disfrute de Sicilia.**

Desde arriba y en el sentido de las agujas del reloj: **Cefalù; La Scala dei Turchi; iglesia de San Cataldo, Palermo; Favignana;** *Mosaico de las Dieci fanciulle in costume succinto* en la Villa Romana del Casale; **Stromboli; templo E, Selinunte**

Explorar Sicilia

Dada su extensión y su número de lugares de interés, es imposible ver todo en Sicilia en menos de una semana. He aquí algunas ideas para aprovechar al máximo su tiempo con un itinerario de siete días que comprende los lugares fundamentales y otro de dos días solo para las islas Eólicas.

Siete días en Sicilia

Día ❶

Dedique la mañana a visitar **Palermo** (ver pp. 12-13); no se pierda el **Palazzo dei Normanni** y la **Capella Palatina.** Almuerce en uno de los mercados al aire libre de la ciudad. Tome el autobús 389 desde la Piazza Independenza hasta la parte baja de la ciudad y camine hasta **Monreale** (ver pp. 14-15), una magnífica iglesia de la época normanda. Maravíllese ante los resplandecientes mosaicos del siglo XII de su interior y explore los claustros.

Villa Romana del Casale

Día ❷

Alquile un coche o tome el tren hasta **Segesta** (ver p. 44), el emplazamiento del único templo de piedra caliza exento de Sicilia, así como un teatro del siglo III a. C. Diríjase a **Erice** (ver p. 99) para explorar el Castillo de Venus y después pare en Maria Grammatico para comprar dulces. Alójese en Agriturismo Antica Tenuta dei Pignatelli, en **Castelvetrano,** «Ciudad de aceitunas y templos» (ver p. 102).

Día ❸

Vaya en coche o en autobús hasta **Selinunte** (ver pp. 36-39) y vea lo que queda de la poderosa Acrópolis Selinus. El Valle dei Templi de **Agrigento** (ver pp. 32-35) alberga hermosos templos. El Templo de Concordia acoge una iglesia paleocristiana.

Día ❹

Acuda en coche a la **Villa Romana del Casale,** cerca de la Piazza Armerina (ver pp. 30-31). Contemple mosaicos de la época romana. Acuda en coche hasta **Noto** (ver pp. 28-29) y pase la tarde explorándola. Alójese en **Siracusa** (ver pp. 24-27), en el Grand Hotel Minareto (ver p. 144).

Mapa: Golfo di Bonagia · Castellammare del Golfo · Palermo · Golfo di Palermo · Erice · Monreale · Segesta · Castelvetrano · Selinunte · Agrigento

El Templo de Concordia, en Agrigento, del año 430 a. C. pero llamativamente intacto.

Leyenda
— Itinerario de dos días
— Itinerario de siete días

Stromboli
Filicudi
Salina
Panarea
Alicudi
Lipari
0 km   30
Golfo di Patti
Milazzo

Taormina
El Etna
Giardini-Naxos
Villa Romana del Casale
Golfo di Catania
olfo Gela
Siracusa
Noto
Golfo di Noto

Cada una de las **islas Eólicas** tiene su propia personalidad y belleza.

al hermoso Teatro Antico. No deje de participar en la tradicional *passeggiata* (el paseo de la tarde). Antes de abandonar Sicilia visite las playas de la adorable **Giardini-Naxos** *(ver p. 109)*, debajo de Taormina, donde comenzó la colonización griega.

Dos días en las islas Eólicas

Día ❶
MAÑANA
Vaya a las islas Eólicas *(ver pp. 16-17)* desde **Milazzo**. Desembarque en **Lipari** para ir al Museo Archeologico Regionale Eoliano *(ver p. 51)*.
TARDE
Viaje a las islas orientales con Avventurisole Viaggi Eolie *(www.eolietour. com)*. Deténgase en **Panarea,** pruebe la pizza en **Stromboli** o contemple el vocán desde el barco.

Día ❷
MAÑANA
Los saltos de isla en isla comienzan en **Alicudi**. Tome el hidroplano y diríjase hacia el este hasta **Filicudi.** La siguiente es al este hasta Salina, donde se cultivan uvas de malvasía.
TARDE
De regreso a Lipari, visite la Cava del Pomice, una antigua cantera de piedra pómez que ahora es una playa. Termine el día en Il Piccolo Bar de Via Marina Garibaldi, en Canneto.

Día ❺
Siracusa fue la ciudad más poderosa del Mediterráneo; su teatro griego tenía un aforo de 20.000 personas. No se pierda el Orecchio di Dioniso en Latomia del Paradiso, ni el Templo de Apolo. Explore la hermosa isla de Ortigia. Contemple la Piazza Duomo y, luego, visite la catedral, construida dentro del Templo de Minerva. Concluya en el Castello Maniace.

Día ❻
Visite **el Etna** *(ver pp. 20-21)* desde Pino Provenzana. Tome el teleférico en el Rifugio Sapienza y, cuando haya llegado al campamento base, encarámese a uno de los todoterrenos que trasladan a los visitantes a la cima. Contemple el Valle del Bove, lleno de lava. Visite a algún apicultor y compre miel.

Día ❼
Taormina *(ver pp. 18-19)* es sede de los glitterati de Italia. Visite el Palazzo Corvaja y el Odeon antes de dirigirse

Top 10 Sicilia

**El Templo de Juno, en el Valle
de los Templos, Agrigento**

🔟 Lo esencial de Sicilia

La isla de Sicilia es la región más grande y variada de Italia. Cuenta con pequeños archipiélagos, acantilados y playas, montañas escarpadas, trigales y volcanes, pero su historia no se queda atrás. Griegos, romanos, bizantinos y normandos dejaron su huella en la isla.

Palermo ①

Donde mejor se aprecia la historia es en su arquitectura: barrios medievales con iglesias barrocas derruidas, iglesias arábigo-normandas y *palazzi* de estilo *art nouveau* (ver pp. 12-13).

② Monreale

El ciclo de mosaicos de la catedral de Monreale es una maravilla medieval, un espectacular monumento normando *(ver pp. 14-15)*.

③ Islas Eólicas

Estas siete islas volcánicas ofrecen un volcán activo, playas de lava negra y unos alimentos y vinos aromatizados por el mar *(ver pp. 16-17)*.

④ Taormina

El primer núcleo turístico de Sicilia lleva siglos recibiendo visitantes. La ciudad ofrece unas bellas panorámicas, un teatro antiguo y cafés con vistas al mar *(ver pp. 18-19)*.

5 El Etna

El volcán activo más grande de Europa se alza con energía al este de la isla *(ver pp. 20-21)*.

6 Siracusa

En el pasado fue una colonia griega que rivalizó con Atenas; es hoy una próspera y moderna ciudad. Entre los restos hay una catedral barroca y un teatro griego *(ver pp. 24-27)*.

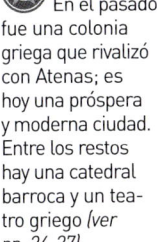

7 Noto

Destruido por un terremoto en 1693, Noto fue reconstruido en el siglo XVIII, en pleno periodo barroco *(ver pp. 28-29)*.

8 Villa Romana del Casale

Los grandes mosaicos de esta lujosa villa romana destacan por su buen estado de conservación *(ver pp. 30-31)*.

9 Agrigento

El afamado Valle dei Templi alberga multitud de ruinas de templos griegos que tienen el mar como telón de fondo desde hace 2.500 años *(ver pp. 32-35)*.

10 Selinunte

Los restos de la griega Selinus, otro notable enclave antiguo de Sicilia, dominan el mar desde un espectacular promontorio. Es el entorno arqueológico más grande de Europa *(ver pp. 36-39)*.

📟 ⭐ Palermo

Cuando los fenicios fundaron Palermo en el 735 a. C., la llamaron Zyz ("flor") por la belleza de sus verdes colinas salpicadas de frutales y flora. El verdor todavía se ve, sobre todo, junto a los caminos que ascienden hasta la antigua fortaleza fenicia, que hoy es el Palazzo dei Normanni. Palermo es en la actualidad el vibrante centro artístico de Sicilia, sede de grandiosos teatros de ópera, diminutas salas de teatro y museos de vanguardia. La cultura está siempre presente, tanto si visita la antigua iglesia de San Giovanni degli Eremiti o pasea por el maravillosamente estucado Oratorio di San Lorenzo.

Catedral ①

Fundada en 1185, la catedral *(derecha)* es una mezcla ecléctica de estilos arquitectónicos. Admire el ábside del siglo XII, las sepulturas reales de pórfido, la cripta y el tesoro que acoge la corona de la emperatriz Constance.

② San Cataldo

La iglesia *(arriba)* es un ejemplo de la arquitectura arábigo-normanda que floreció en toda Sicilia. Su techo tiene tres cúpulas y parapetos de estilo árabe.

③ Oratorio di San Lorenzo

Con un interior obra del escultor Giacomo Serpotta, el oratorio del siglo XVI contaba con un cuadro de Caravaggio, hasta que fue robado en 1969.

Palermo

Palazzo del Normanni ④

El Palacio Real atestigua el legado arábigo-normando de la ciudad. Sus cimientos cartagineses, los mosaicos de La Stanza di Ruggero y la Torre Gioaria (un cataviento árabe) muestran su larga historia.

Palazzo Steri ⑤

La pintada de la pared sirve como desgarrador recordatorio de que fue sede de la Inquisición en el siglo XVII.

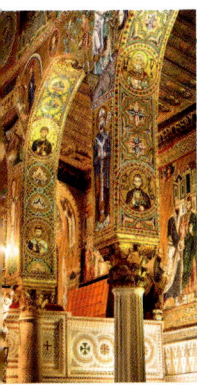

⑦ Cappella Palatina

Encargado por Roger II en 1129, la capilla *(izquierda)* del Palazzo dei Normanni combina los estilos occidental y árabe. El techo árabe luce pinturas de animales y motivos vegetales. También hay un Cristo pantocrátor, obra de maestros bizantinos que usaron teselas doradas y plateadas, que imparte su bendición desde la cúpula y el ábside.

⑧ La Zisa

Este castillo, construido en el siglo XII, se inspira en la arquitectura morisca. El nombre procede del árabe al-Aziz, que significa "espléndido".

⑨ San Giovanni degli Eremiti

Fundado en 1132 y entre exuberantes jardines, San Giovanni *(arriba)* era el monasterio más rico de Sicilia. Cinco cúpulas rojas, típicas del estilo árabe, jalonan el exterior, mientras que el interior solo conserva restos de su decoración original.

⑥ La Martorana

Santa Maria dell'Ammiraglio *(abajo)* es conocida como La Martorana por la monja del siglo XII que solía decorar la iglesia con mosaicos *(ver p. 91)*.

LOS NORMANDOS EN SICILIA

En 1061, el soldado normando Roger de Hauteville aprovechó el conflicto árabe interno e invadió Sicilia con un pequeño grupo de cruzados. Roger fue el primero de cinco reyes normandos que convertirían Sicilia en una próspera monarquía durante el siglo siguiente. En 1266 dejaron en la isla espléndidos monumentos y una cultura que mezclaba con gran armonía lo árabe y lo occidental.

INFORMACIÓN ÚTIL

Catedral: **PLANO K5;** Via Vittorio Emanuele; horario: 7.00-19.00 lu-sá, 8.00-19.00 do y festivos (zona monumental: 9.30-18.00 lu-sá, 10.00-18.00 do y festivos); 12 € para cripta, tesoro, tejados y tumbas reales

Palazzo dei Normanni: **PLANO J6;** Piazza del Parlamento; horario: 9.30-16.30 lu-sá (hasta 12.30 do y festivos); estancias reales: cerradas ma-ju; 19.00 € vi-lu y festivos

Cappella Palatina: **PLANO J6;** horario: 8.30-16.30 lu-sá; 8.30-12.30 do y festivos; entrada incluida en la del Palazzo dei Normanni

⑩ Palazzo della Cuba

Construido en 1180 para Guillermo II de Sicilia como su pabellón de recreo privado, el *palazzo* fue diseñado por los artistas árabes que seguían viviendo en la ciudad tras la conquista normanda.

TOP 10 ★ Monreale

La catedral de Monreale, en lo alto de la fértil Conca d'Oro (Cuenca de Oro), domina Palermo. El rey Guillermo II fundó la majestuosa catedral y el monasterio benedictino en 1174; alrededor pronto creció un pueblo medieval. Pese a su austero exterior, su interior cuenta con una espectacular decoración que constituye el ciclo de mosaicos más importante de su clase en Sicilia. La entrada da a la aneja Piazza Vittorio Emanuele.

① Exterior del ábside

En contraste con el resto del exterior, más o menos plano, el triple ábside *(abajo)* está decorado con una compleja cantería de arcos entrelazados de caliza y lava.

GUILLERMO II

El rival político de Guillermo, Walter of the Mill, arzobispo inglés de Palermo, y su facción de terratenientes y clérigos eran muy poderosos. Al construir la catedral en Monreale (siendo esta una abadía benedictina, independiente del arzobispado), el rey Guillermo logró equilibrar la balanza del poder. Las obras duraron 10 años. La hermosa catedral, con su decoración de mosaicos, quedó concluida en 1189.

② Fachada

La fachada, con su puerta de bronce, está flanqueada por dos torres asimétricas y decorada con cantería. El porche delantero se añadió en el siglo XVIII.

④ Claustro

El apacible claustro *(arriba)* combina arcos de estilo árabe, capiteles esculpidos decorados con mosaicos y una fuente del siglo XII en el jardín de diseño geométrico.

③ Interior

El interior *(abajo)* tiene unas columnas de granito con capiteles romanos corintios que soportan unos 6.500 m² de mosaicos brillantes.

5 Mosaicos de los ábsides laterales

Sobre los tronos, a ambos lados del ábside principal, hay retratos de Guillermo II siendo coronado por Cristo y ofreciendo la catedral a la Virgen, escena bendecida por Dios.

8 Mosaicos de la nave

Las escenas del Antiguo y Nuevo Testamento eran paneles educativos para los feligreses analfabetos, así: *La creación, El arca de Noé* y *El sacrificio de Isaac (arriba).*

9 Ábside: mosaico de Cristo

El enorme pantocrátor acoge a sus discípulos desde lo alto con los brazos abiertos y las manos extendidas.

10 Transepto norte

Aquí se puede pasear sobre unos espectaculares mosaicos Cosmati dispuestos con un intrincado dibujo, como las cuatro liebres en un círculo. Diríjase a la Capella Roano para ver unas artesanías barrocas exquisitas.

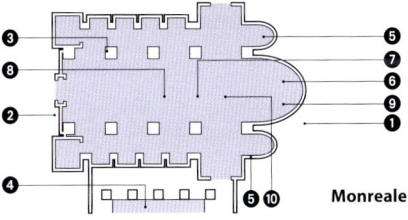

Monreale

6 Mosaicos de los Santos Mártires

Uno de los mártires que aparecen es santo Tomás Becket, canonizado un año antes de la fundación de la iglesia.

7 Techos

El techo del coro es de influencia árabe, con dorados y figuras. El de la nave se restauró tras un incendio en 1811.

TOP10 ⭐ Islas Eólicas

Este archipiélago de islas volcánicas ofrece ambiente de pequeña ciudad, sabrosa cocina, historia y belleza natural. Cada una tiene su propio carácter: Lipari es rica en piedra pómez; el fértil suelo volcánico de Salina está tapizado de vides y bosques y tiene formaciones rocosas; en Vulcano, los acantilados formados por la lava parecen filas de patas de elefante, mientras que en Salina las formaciones rocosas surgen como cúmulos de algodón. Las playas blancas de piedra pómez y las negras de lava contemplan un mar cristalino y lleno de vida.

1 Playa de Pollara, Salina

Esta playa (arriba), con zonas de arena y zonas de piedras, es ideal para practicar el buceo. Abundan los erizos, los pulpos y la vida marina.

2 Perciato di Pollara, Salina

Este arco de roca natural se descuelga de un acantilado para sumergirse en el agua y crear un puente de roca natural (abajo). Se puede llegar al imponente Perciato por tierra o por mar, y nadar entre las rocas.

3 Stromboli

Stromboli, un volcán eólico en diferentes niveles, se ha mantenido activo durante más de dos milenios, arrojando chispas y rocas incandescentes al aire, que solo se aprecian por la noche. Se organizan excursiones desde las otras islas.

7 Museo Archeologico Regionale Eoliano

Alberga piezas de los yacimientos neolíticos de las islas, así como una impresionante colección griega y romana *(izquierda)*.

4 Emisiones de azufre, Vulcano

Vulcano aún registra emisiones de azufre en torno al cráter principal. En toda la isla el vapor se filtra por el escarpado suelo, coloreando la tierra de amarillo brillante *(abajo)* y formando *fanghi* (lodos).

OBSIDIANA Y PIEDRA PÓMEZ

Estos dos minerales de origen volcánico han desempeñado un papel importante en el comercio de Lipari. La pesada, densa y vítrea obsidiana se utilizó para fabricar cuchillos y puntas de flecha en el Neolítico, por lo que fue un objeto de gran comercio. La extracción de piedra pómez, mineral poroso y blanquecino que se usaba en diversos sectores industriales, era la principal actividad de Lipari, que alberga enormes canteras.

9 Alicudi y Filicudi

La diminuta Alicudi *(abajo)* y Filicudi son las islas más occidentales y menos desarrolladas del archipiélago. Tal vez sean las más bellas por su población dispersa, los escasos coches y las casitas encaladas con terrazas.

5 Panarea

La isla más pequeña del archipiélago también es la más exclusiva. Famosa por sus calas, sus aguas cristalinas, sus islotes y su vida nocturna. Cuenta con un yacimiento de la Edad del Bronce.

6 Canteras de piedra pómez, Lipari

La industria más importante de Lipari era la piedra pómez, hasta que la Unesco urgió al Gobierno a frenar su explotación. Es bastante fácil encontrar pedazos de piedra pómez en las playas o flotando en el agua, y está a la venta en tiendas.

8 Marina Corta, Lipari

En la base de la roca del castillo atracan pequeñas embarcaciones. En verano está rebosante de actividad; en invierno solo se ve algún pescador.

10 Malvasia delle Lipari

Se trata del vino más famoso de las islas. Las uvas se vendimian tarde y se dejan secar en esteras de mimbre antes de la fermentación.

TOP 10 ★ Taormina

Colonia de Siracusa, se fundó en el año 304 a. C. sobre el monte Tauro, un espectacular emplazamiento con vistas a la costa rocosa, el mar azul verdoso y el impresionante Etna. La ciudad sufrió el clásico devenir siciliano: cayó en manos de los romanos, los árabes, los normandos y los españoles. Durante el siglo XIX fue parada de quienes realizaban el Grand Tour y desde entonces recibe infinidad de visitantes. El gran número de hoteles, restaurantes y comercios, playas y jardines la convierten en el destino más popular de Sicilia.

① Santuario Madonna della Rocca
Con sus vistas, esta iglesia del siglo XVII se construyó donde un pastor que se refugiaba de una tormenta dijo haber visto a la Virgen María.

③ Teatro Antico
Con su espectacular panorámica como telón de fondo, los griegos construyeron el teatro en el siglo III a. C., pero los restos actuales *(derecha)* fueron remodelados por los romanos en el siglo I.

② Mazzarò
Bajo Taormina hay varias playas, como la de Mazzarò. Isola Bella *(arriba)* está unida a la costa por una franja de arena.

④ Piazza Vittorio Emanuele
El Palazzo Corvaja cuenta con elementos árabes, normandos y góticos catalanes. La iglesia barroca de Santa Caterina está delante de las ruinas de un odeón romano que se visita gratuitamente.

⑤ Piazza del Duomo
La fuente barroca de esta plaza está adornada por un centauro, símbolo de Taormina. La Chiesa Madre (siglo XIII) está dedicada a san Nicolò.

INFORMACIÓN ÚTIL

MAPA H3

Teatro Antico: Via Teatro Greco 12; 094 223220; 9.00-19.40 todos los días. Entrada 13,50 €

■ Tras visitar el Teatro Antico, se puede ir al Wunderbar Café *(Piazza IX Aprile 7)* a tomar algo.

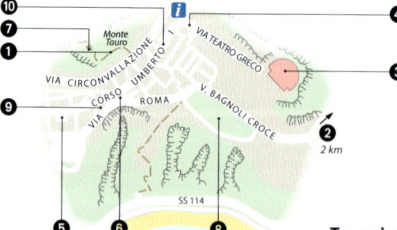

Taormina

⑧ Jardines de la Villa Comunale

Con magníficas vistas de los Giardini, Naxos *(ver p. 109)*, estos jardines públicos *(izquierda)* tienen palmeras, bananeros, olivos, aves del paraíso, un monumento a los navegantes de Taormina y varios edificios.

D. H. LAWRENCE

Refugio de los reyes griegos, Taormina fue también parada para muchos visitantes famosos inmersos en el el *Grand Tour* de Europa. El escritor inglés D. H. Lawrence y su esposa Frieda vivieron dos años en esta localidad costera a principios de 1920. Se cree que fue aquí donde el novelista escribió su obra más famosa, *El amante de Lady Chatterley,* quizá inspirado por una mujer inglesa a la que conoció durante su estancia.

⑩ Corso Umberto I

La gente de Taormina suele hacer la *passeggiata* (paseo vespertino) por el Corso *(arriba)*, que empieza en Porta Messina y atraviesa plazas con bares y *gelaterie* hasta finalizar en Porta Catania.

⑥ Piazza IX Aprile

En esta bonita plaza se puede contemplar el mar o ver pasar a la gente desde uno de sus cafés al aire libre. En el Wunderbar hay música en directo por la tarde.

⑨ Borgo Medievale

La torre del reloj *(abajo)* da entrada a la parte medieval de la ciudad. Aquí el Corso se estrecha y, aunque las tiendas continúan ofreciendo ropa y recuerdos, sus fachadas conservan el carácter medieval.

⑦ Paseo a Castelmola

Siga el Via Crucis desde la Via Circonvallazione hasta la cima del monte Tauro, para disfrutar de las espectaculares vistas y de las ruinas del castillo medieval.

TOP10 ★ El Etna

Con algunos enormes cráteres y una altura de 3.330 metros, el Etna es el volcán más grande de Europa y uno de los más activos del mundo. Los griegos lo tenían por hogar de Hefestos, dios del fuego, mientras que los árabes lo llamaban *Mongibello* (Montaña de Montañas). Hoy, el Parco dell' Etna alberga el volcán, donde los agricultores producen vino, miel y fruta en sus ricas laderas de lava. Ofrece senderismo y, en temporada, esquí, además de la erupción ocasional de chispas centelleantes y lava. En 2013 la Unesco lo declaró Patrimonio Mundial de la Humanidad.

3 Centro de visitantes

Los visitantes pueden encontrar un guía en el Rifugio Sapienza Etna Sud *(izquierda).* Las rutas a pie comienzan en la estación del funicular; a veces incluyen el traslado para ver los torrentes de lava.

ERUPCIONES

Dos de las más terribles erupciones *(ver p. 112)* fueron las de 1381 y 1669, cuando la lava alcanzó Catania. Desde entonces ha habido otras erupciones notables, como la que en 1928 inundó de lava Mascali, o la que mató a nueve turistas en 1979. Entre 1991 y 1993 se lanzaron bloques de hormigón desde helicópteros para detener la lava cerca de Zafferana Etnea. En 2001 y 2002 la lava destruyó los centros de visitantes y la estación de funicular de Etna Sud.

1 Tren Circumetnea

Desde Catania, esta línea férrea privada de vía estrecha pasa por Adrano (con un puente sarraceno), Bronte (con granjas de pistachos), Randazzo (para ver el lago Gurrida y torrentes de lava) y Linguaglossa (sede de un museo de murales al aire libre).

2 Senderismo

Se puede caminar por las laderas y subir al cráter con permiso. Las oficinas de turismo disponen de mapas y guías.

El Etna

④ Vegetación
Hay gran variedad,
desde el roble y el castaño en las zonas bajas
hasta el pino y el abedul
en las más altas. Flores
silvestres como la violeta
(arriba) crecen en el suelo.

⑤ Laderas este y norte
En estas laderas crece
el abedul *Betula aetnen-
sis,* endémico del Etna, y,
en Sant'Alfio, el *Castagno
dei Cento Cavalli* (Castaño
de los cien caballos),
uno de los más altos y
viejos del mundo. Los
torrentes de lava han
formado cuevas, usadas
como refugios y almace-
nes de hielo.

⑥ Valle del Bove
Este cráter surgió
como consecuencia de
un hundimiento del vol-
cán. Cubre un área
de 7 x 5 km y sus pare-
des pueden rebasar los
1.000 m de altura. En
1991 se abrió una grieta
que liberó lava hacia el
valle durante dos años.

⑦ Laderas sur y oeste
Pequeños conos volcá-
nicos y campos de culti-
vo cubren la ladera
oeste. En la ladera sur
todavía se ven torrentes
de lava recientes.

⑧ Fauna
Comadrejas, gatos
monteses, zorros *(arriba)*
y halcones peregrinos
viven en las zonas bosco-
sas. La única fauna de la
cima son las mariquitas.

⑨ Cráteres de la cima
La cima del volcán
cambia constantemente
debido a los residuos
de las explosiones y los
frecuentes corrimientos
de tierras.

⑩ Torrentes de lava
La lava fundida supera los
500 °C. En algunos puntos,
el flujo constante a dos
metros bajo tierra derrite
la nieve.

Las espectaculares laderas del Etna

🔟 ⭐ Siracusa

Fundada en el 733 a. C. por colonos corintios, Siracusa fue una de las primeras colonias griegas de la isla. Promovió importantes obras arquitectónicas y artísticas y dio lugar a otras colonias, ampliando su territorio mediante la guerra hasta convertirse en la ciudad más poderosa del Mediterráneo. La antigua Siracusa era mucho más grande que la ciudad actual y se dividía en cinco zonas: Epipolae, Akradina, Tyche, Neapolis y Ortigia, el enclave original.

1 Castello Maniace
Situado en el extremo de Ortigia, el Castello Maniace *(arriba)* es una fortaleza encargada por Federico II. Sus interiores del siglo XIII están casi intactos.

2 Altar de Hierón II
Hierón II construyó este inmenso altar, el mayor de la Magna Grecia, alrededor del 225 a. C. y se lo dedicó a Zeus Eleuterio, dios de la libertad.

3 Catacumbas de San Giovanni
Estas enormes catacumbas de piedra caliza albergan cámaras mortuorias de distintos tamaños, para niños, adultos o familias.

4 Latomia del Paradiso
La piedra de esta *latomia* (cantera) se usó para la construcción de Siracusa. Dentro se halla la cueva *(abajo)* llamada Orecchio di Dioniso (Oreja de Dionisos), que seguramente debe su nombre a la semejanza de su gran entrada con una oreja humana.

INFORMACIÓN ÚTIL

Altar de Hierón II, Latomia del Paradiso, teatro griego y anfiteatro romano: **MAPA H5;** Viale Paradiso; 093 1489511; 8.30-19.40 todos los días (taquilla hasta 18.30 durante la temporada de teatro). Entrada 13 €

Catacumbas de San Giovanni: **MAPA H5;** Largo San Marciano 3; 093 164 694; desde 9.30 todos los días (el horario de cierre puede variar, cierra para comer). Entrada 8 €

Museo Archeologico: **MAPA H5;** Viale Teocrito 66; 093 1489511; 9.00-19.00 ma-sá (hasta 14.00 do y festivos). Entrada 10 €

■ El Parco Arqueologico della Neapolis incluye el altar de Hierón II, Latomia del Paradiso, el teatro griego y el anfiteatro romano.

■ Se venden entradas conjuntas (18 €) para Museo Archeologico y Parco Archeologico.

■ Al visitar yacimientos arqueológicos no se debe tocar nada, para que los visitantes futuros puedan disfrutarlo por igual.

Páginas anteriores Salina, islas Eólicas

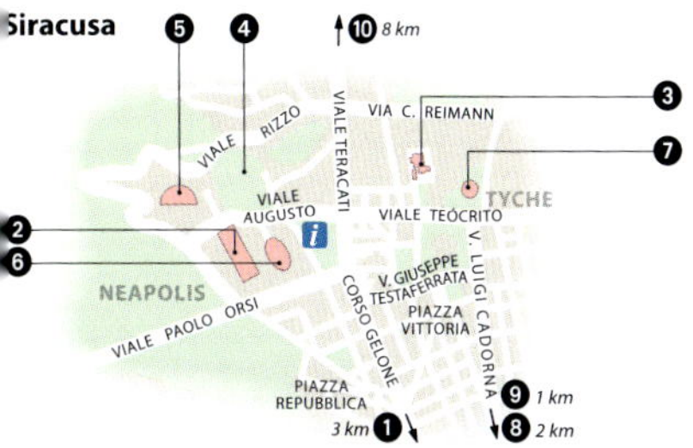

Siracusa

ARQUÍMEDES

Arquímedes (287-212 a. C.), el insigne matemático, ingeniero e inventor, nació en Siracusa. Entre sus descubrimientos más notables destaca el Principio de Arquímedes, el estudio del comportamiento de los cuerpos en el agua. Fue asesor militar del rey Hierón II y aplicó a la guerra algunos de sus inventos, como la polea y la catapulta.

⑤ **Teatro griego**
Levantado en el siglo VI a. C., este teatro *(arriba)* llegó a ser el mayor de Sicilia. Muchas tragedias de Esquilo se representaron aquí por primera vez.

⑥ **Anfiteatro romano**
Albañiles locales construyeron la arena en el siglo III; es uno de los más grandes de su género.

⑦ **Museo Archeologico, Siracusa**
Este museo es conocido también por el nombre del arqueólogo Paolo Orsi y reúne objetos griegos que él encontró en Siracusa *(ver pp. 26-27)*.

⑧ **Templo de Minerva**
La catedral barroca de la ciudad *(ver p. 47)*, del siglo XVIII, incorpora un antiguo templo de Minerva, que a su vez se construyó sobre un monumento a Atenea.

⑩ **Castello Euriolo**
Se trata de la instalación militar griega más importante de Sicilia. Fue construido por Dionisio el Joven en el siglo V a. C., y Hierón II lo mejoró más tarde.

⑨ **Templo de Apolo**
Erigido en el siglo VI a. C., se trata del templo dórico más antiguo de Europa occidental *(arriba)*. La base tiene una inscripción dedicada al dios Apolo.

Museo Archeologico, Siracusa

Hallazgos arqueológicos de la necrópolis de Pantalica

① Piezas de Pantalica
Pantalica, cerca de Palazzolo Acreide, fue habitada por sicilianos prehelénicos, que producían una elegante cerámica barnizada.

② Piezas de la Edad del Bronce de Castelluccio
Objetos como cuencos, copas y jarras demuestran los vínculos comerciales entre los primeros sicilianos y las culturas mediterráneas orientales.

③ Diosa madre
Esta figura de terracota del Templo de Megara Hyblaea representa a la diosa madre criando a sus gemelos. Conocida en italiano como Madre Dea, destaca por la mezcla de seriedad y ternura.

④ Jardines de Villa Landolina
Se encuentran en una antigua necrópolis griega, un emplazamiento rico en hallazgos, con tramos de calles helenas y catacumbas cristianas.

⑤ *Kouros* griego, Lentini
Este *kouros* (estatua de un joven) del siglo VI a. C. es uno de los mejores ejemplos de escultura griega antigua.

⑥ Vasijas de Gela
La pieza más interesante es una *lekythos* (vasija alta de un asa) con la pintura *Hércules y la Hidra*.

⑦ Venus Anadiomene
Es una copia romana del original griego del siglo II a. C. Desde su pose hasta el lustre del mármol, es el ejemplo paradigmático de una diosa mítica.

⑧ Efebo de Adrano
Esta pequeña figura atlética de bronce de un efebo se encontró cerca de Adrano y data aproximadamente de 460 a. C.

Plano del museo

Leyenda
- ■ Planta baja
- ■ Planta superior

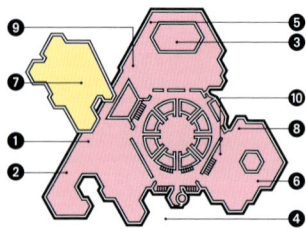

Efebo de Adrano, estatua de bronce

HISTORIA DE LA ANTIGUA SIRACUSA

Bajo el tirano Gelón, Siracusa formó una fuerte alianza con Akragas (Agrigento) y Gela para vencer a los cartagineses en Himera (480 a. C.). Hierón I (478-466 a. C.) y Dionisio (405-367 a. C.) convirtieron Siracusa en la ciudad más poderosa del Mediterráneo. En 413 a. C., Atenas mandó una flota, con el fin de someter a la potencia advenediza y, con la ayuda de Esparta, los atenienses fueron aplastados. A pesar de su imagen belicosa, los soberanos de Siracusa fueron mecenas de las artes: Hierón II (265-215 a. C.) expandió el gran teatro y Esquilo, Píndaro, Plutarco y Platón estuvieron en su corte. Tras la muerte de Hierón II, sin embargo, Siracusa se puso a favor de Cartago y en contra de Roma en la Segunda Guerra Púnica. Después de un asedio de dos años, la ciudad cayó en manos de los romanos en 212 a. C. y comenzó su declive.

Busto de mujer del siglo V, de terracota pintada.

El **Museo Archeologico de Siracusa** alberga muchos restos de la poderosa colonia de Siracusa, como esculturas y objetos cotidianos.

TOP 10
COLONIAS DE LA ANTIGUA SIRACUSA

1 Akrai (Palazzolo Acreide)

2 Kasmenai (Casmene)

3 Kamarina (Camarina)

4 Adronan (Adrano)

5 Thermae (Termini Imerese)

6 Cephaloedium (Cefalù)

7 Katane (Catania)

8 Tauromenium (Taormina)

9 Zancle (Messina)

10 Selinus (Selinunte)

⑨ Templos de Atenea y Apolo

Se conservan fragmentos de dos templos dóricos de Ortigia y partes policromas de una gorgona.

⑩ Figurillas de madera de Deméter y Koré

Estos raros ejemplos de estatuaria en madera se encontraron en un santuario entre Gela y Agrigento. Datan del finales del siglo VII a. C. y han sobrevivido gracias a que fueron cubiertas por el lodo rico en minerales de un manantial.

Relieve de terracota de una gorgona

🔟 ⭐ Noto

Después del gran terremoto que destruyó casi todo el este de Sicilia en 1639, las ciudades y los pueblos se reconstruyeron siguiendo el estilo barroco, muy popular por entonces. Noto es uno de los mejores ejemplos. Diseñado para incorporar vistas del paisaje, el plan urbanístico fue también sensible con las necesidades de los habitantes. La suave piedra de las canteras locales se adaptaba bien a los relieves decorativos, pero, por desgracia, los elementos han impuesto su ley y ha sido necesario restaurarlos.

1 Cattedrale di San Nicolò
La magnífica catedral barroca de Noto (arriba) se encuentra al final de la gran escalinata de Labisi. Se construyó en distintas etapas durante el siglo XVIII con la colaboración de los arquitectos Gagliardi y Sinatra.

2 Porta Reale
Se levantó en 1838 (izquierda) para dar la bienvenida a Fernando II. Ofrece una distinguida entrada al Corso Vittorio Emanuele, calle principal de Noto.

3 Chiesa di San Francesco
La iglesia de San Francesco, del siglo XVIII, tiene un pórtico barroco, interior de estuco y una estatua de madera de la Virgen María.

4 Chiesa di Montevergini
Sencilla y elegante iglesia, con fachada cóncava, que marca el final de la Via Nicolaci. Cerca se encuentra el Palazzo Nicolaci, conocido por sus balcones ornamentados (arriba).

5 Chiesa di San Domenico

La obra maestra de Gagliardi (1737) tiene una exuberante fachada convexa que luce hornacinas y columnas, creando contrastes de luces y sombras.

8 San Carlo al Corso

Construida en 1730, tiene varias pinturas de techo *(izquierda)* y una elegante fachada cóncava. Las maravillosas y elegantes columnas de la fachada avanzan desde el dórico al jónico y, finalmente, al corintio. Un vertiginoso ascenso a la cima del *campanile* (campanario) ofrece bonitas vistas de la ciudad.

INFORMACIÓN ÚTIL
MAPA G5

Cattedrale di San Nicolò: 9.00-13.00 y 15.00-20.00 todos los días

San Carlo al Corso: Corso Vittorio Emanuele; 10.00-13.30 y 14.30-19.00 todos los días (hasta 22.00 jul y ago). Se cobra entrada

■ Pruebe las pastas y los *gelati* sicilianos en el Caffè Sicilia, en el Corso, cerca de San Carlo (ver p. 80).

9 Piazza Municipio, Palazzo Ducezio

La plaza del pueblo alberga el Palazzo Ducezio, hoy Ayuntamiento *(arriba)*, diseñado por Sinatra en 1742. Una pronunciada galería recorre la fachada.

6 Palazzi, Via Cavour

La Via Cavour está jalonada de palacios de familias nobles. El Palazzo Trigona es un majestuoso diseño de 1781 con balcones curvados y frescos en el interior. En la esquina de la izquierda está el Palazzo Battaglia, una obra barroca tardía de Gagliardi.

10 Mercado Viejo, Via Rocco Pirri

El mercado más animado de Noto se instalaba en este patio, pero los puestos de panaderos y carniceros han sido reemplazados por *boutiques*. Todavía se monta un mercado de fruta y verdura local los lunes enfrente de la iglesia de San Domenico.

ARQUITECTURA BARROCA

El estilo barroco es una evolución del renacimiento, que usaba formas clásicas y figuras primarias para crear equilibrio y proporción. Los arquitectos barrocos emplearon formas curvas y ovoides para conseguir movimiento y dramatismo. Son característicos de esta corriente la planta elíptica, la fachada ondulada o de proyección externa, el uso de luces y sombras, las formas cóncavas y la abundancia de decoración exuberante.

7 Chiesa di Santa Chiara y Santissimo Salvatore

En lados opuestos de la calle se hallan el convento de Santa Chiara y el monasterio del Santissimo Salvatore. El interior oval de Santa Chiara alberga una *Virgen con niño* tallada por el siciliano Antonello Gagini en el siglo XVI.

TOP 10 ⭐ Villa Romana del Casale

Esta residencia de caza de un importante funcionario romano (tal vez Maximiano, el inmediato inferior del emperador Diocleciano), situada en la Piazza Armerina, fue decorada con lo que hoy es el mayor y mejor conservado conjunto de mosaicos romanos del mundo. La rica villa se construyó durante un periodo superior a 50 años, entre los siglos III y IV. Sus espaciosas estancias, peristilos, termas y jardines con piscinas y fuentes se trazaron en cuatro terrazas naturales.

2 Nártex de las termas

El prolongado nártex de las termas está decorado con una escena circense. Carros de caballos se inclinan en torno a una pista, en cuyo centro hay una imagen del obelisco de Constantino II.

Villa Romana del Casale

1 Arión y las náyades

El suelo de esta sala de estar *(arriba)*, con paredes de mármol, está decorado con una escena de la enjoyada Arión tocando la lira. Está rodeada de náyades.

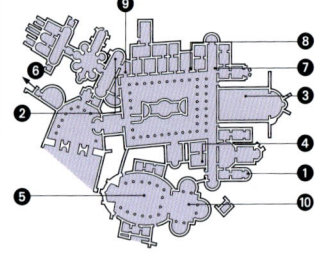

3 Apartamentos privados

Los suelos de los apartamentos privados de la familia *(arriba)* están decorados con escenas de una cacería infantil. Por todas partes hay paneles pintados con follaje, flores y cestas de fruta y verdura.

4 *Dieci fanciulle in costume succinto*

Quizá sea el mosaico más famoso de la villa. Las atletas parecen haber terminado una competición y la ganadora es premiada con una corona de flores y un cetro de palma.

7 Gran escena de caza

Estos mosaicos muestran dos países (personificados) rodeados de mar. El conjunto de animales de tierra y mar: incluye elefantes, leones y tigres, así como un leopardo atacando a una gacela *(izquierda)*.

10 Triclinium

El *triclinium*, usado para celebrar banquetes, se abre a un jardín rodeado por un pórtico elíptico. Los mosaicos fueron confeccionados a gran escala, de acuerdo con su temática: los diez trabajos de Hércules.

5 Xystus

En el lado norte del *xystus*, el jardín elíptico, junto al *triclinium*, hay tres habitaciones decoradas con escenas de la vendimia.

6 Acueducto

Cerca de la entrada a la villa quedan restos del acueducto *(abajo)*, que surtía de agua a las termas, los jardines, las fuentes y la casa.

8 Estancia pública del peristilo

La recepción está decorada con una escena de caza *(arriba)*, uno de los mosaicos más antiguos de la villa. Los cazadores y sus perros persiguen a las bestias, alancean a un jabalí y lo llevan en los hombros.

9 Vestuario privado de las termas

Aquí se representa al emperador y su familia: madre, hijo e hija, acompañados por esclavos que portan los enseres necesarios para el ejercicio y el baño.

MOSAICOS

Los magníficos mosaicos se han conservado casi intactos porque la villa fue sepultada por una avalancha de barro en el siglo XII. El artista se manejó con gran maestría, formando imágenes a gran escala con millones de pequeñas teselas policromadas que cubren más de 3.500 m² de suelo.

TOP 10 ★ Agrigento y Valle dei Templi

Aliada de Siracusa, la griega Akragas fue una de las ciudades más importantes de Sicilia en época griega. Construyó templos y fue famosa por la cría de caballos, con los que ganó muchos juegos olímpicos. Después de ser sitiada por los cartagineses en 406 a. C., los romanos la tomaron en 261 a. C. y la rebautizaron con el nombre de Agrigentum; permaneció bajo dominio romano hasta la caída del Imperio. Las ruinas de la antigua ciudad griega se conocen ahora como Valle dei Templi (Valle de los Templos).

③ Centro Storico
Llegue al Duomo atravesando el centro histórico por la Via Atenea. En los callejones hay talleres de artesanía y vecinos de camino a sus quehaceres del día.

① Templo de Hércules
Entre olivos y almendros yacen las ruinas de este templo hexástilo *(arriba)*, que data de 500 a. C. Es necesario caminar sobre las piedras para ver la *cella* (nave del santuario) y las columnas dóricas. Muy hermoso al ponerse el sol.

④ San Nicola
La fachada de esta iglesia tiene un interesante pórtico del siglo XIII, que reutiliza materiales de una ruina romana, y un interior abovedado.

② Templo de Cástor y Pollux
Considerado un símbolo de Sicilia y también conocido como Templo de los Dioscuros *(abajo)*, presenta cuatro columnas y un entablamento compuesto por piezas de otros templos en el siglo XIX.

El lugar se divide en tres sectores, todos cercanos a un aparcamiento con venta de entradas y oficina de turismo. El templo de Zeus Olímpico y el santuario de las Deidades Ctónicas se hallan al oeste del aparcamiento. El acceso a los templos de la Via Sacra (Hera, Hércules y Concordia) se encuentra al otro lado de la calle. Sobre la Via dei Templi encontrará el barrio grecorromano y el Museo Archeologico *(ver pp. 34-35)*.

5 Templo de Zeus Olímpico

Todo lo que queda de este templo es copia de una de sus estatuas *(arriba)*. El original está en el Museo Arqueológico.

Agrigento y Valle dei Templi

AGRIGENTO

Museo Archeologico, Agrigento

7 Calles, puertas y muros griegos

De camino entre templo y templo por el valle se puede ver lo que queda de la ciudad griega: calles con surcos y muros que muestran restos de épocas posteriores, en especial de la bizantina, cuando se hicieron huecos para alojar tumbas.

8 Abbazia di Santo Spirito

Las monjas cistercienses todavía practican la vieja tradición de preparar dulces en esta abadía. En el pasado era oficio exclusivo de los conventos.

9 Barrio Grecorromano

Entre ruinas de escasa altura se ven cuencos, columnas, jambas, molinos, escalones, restos del sistema de desagüe y suelos de mosaico.

10 Templo de Concordia

Este templo hexástilo *(abajo)* permanece casi intacto porque se tomó para emplearlo como iglesia. Data de 430 a. C.

6 Templo de Hera

Los restos de color rojo de este templo (450 a. C.), dedicado a la reina de los dioses, revelan daños de un incendio, quizá del sitio cartaginés de 406 a. C.

INFORMACIÓN ÚTIL
MAPA D4

Valle dei Templi: 092 2183 9996; 8.30-20.00 todos los días (hasta 23.00 en verano, do y festivos). Entrada 13 €

Museo Archeologico, Agrigento: Contrada S Nicola 12; 092 2401565; 9.00-19.30 lu-sá. Entrada combinada 13,50 €; www.lavalledeitempli.it

San Nicola: Via Passeggiata Archeologica, 20

■ **Evite los concurridos restaurantes de la acrópolis y coma en la ciudad *(ver p. 123)*.**

■ **Los templos son espectaculares por la noche, cuando los edificios están iluminados.**

Museo Archeologico, Agrigento

Plano del museo

Leyenda

🟩 Sótano
🟪 Planta baja

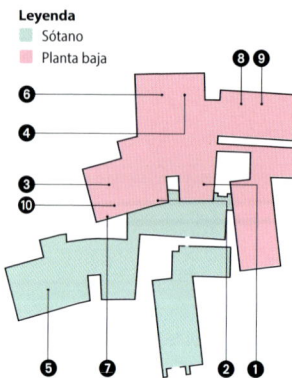

1 Cabeza de toro

Los objetos extraídos de Agrigento se muestran en las dos primeras galerías e incluyen ollas de la Edad del Bronce con dibujos geométricos rojos, cerámica local y hallazgos griegos; uno de los más interesantes es una pequeña cabeza de toro de terracota modelada a mano.

2 Caños con forma de cabeza de león

Recuperados de varios espacios de Agrigento (incluidos los templos de Hércules, Vulcano y Deméter), estos caños de agua con forma de cabeza de león se situaban en los tejados, encima de las cornisas, para evacuar el agua de lluvia. Estaban pintados de vivos colores, como todos los elementos de los templos por encima de los capiteles.

3 Maqueta del templo de Zeus Olímpico

Esta reconstrucción a escala del mayor templo dórico del mundo (ver p. 33) ayuda a imaginar el enorme tamaño del edificio original. Compárese el *telamone* (gigante de piedra) de 8 metros con las columnas del templo: eran más del doble de altas que los gigantes, medían 16,5 metros y tenían un diámetro de 4 metros en la base.

Sarcófago de mármol

4 Sarcófago infantil

Data del siglo II y se descubrió en la década de 1970. Los altorrelieves de los paneles representan la vida del niño. Una detallada escena muestra la habitación del niño enfermo y a su padre tirándose de la barba en señal de duelo.

5 Mosaicos del barrio Romano

Estos mosaicos, especialmente hermosos, datan del siglo II y están confeccionados con minúsculas teselas. Servían de piezas centrales para decorar los suelos de las casas del barrio residencial de la ciudad.

Expositor de gárgolas

Colección de vasijas del Museo Archeologico, Agrigento

6 Colección de vasijas

Esta colección incluye muestras excepcionales de vasijas áticas con figuras negras y rojas, así como vasijas helénicas. La crátera, una vasija alta con base robusta, dos asas y un singular fondo blanco, muestra las figuras de Perseo y Andrómeda.

7 Efebo de Agrigento

Catalogada como efebo (adolescente o joven que participa en una ceremonia que marca el paso a la edad adulta), esta figura de mármol exquisitamente tallada ilustra la transición del estilo estático arcaico al estilo severo clásico. El fino modelado de la musculatura y el movimiento de la figura contrastan con las tallas rígidas, casi egipcias, del periodo arcaico.

8 Cascos griegos y romanos

Hallados en la antigua ciudad griega de Eraclea Minoa, los fascinantes cascos de batalla griegos tienen cavidades para las orejas, mientras que los romanos tienen bordes sutilmente grabados.

9 Crátera con figuras rojas

La *Batalla de las amazonas* (c. 460 a. C.), pintada en esta vasija o *krater,* se atribuye al Pintor de Nióbides. El artista creó con destreza un espacio en la superficie curvada dibujando cuerpos caídos, flechas, lanzas y demás parafernalia bélica en desigual perspectiva. La escena principal muestra a Aquiles matando a una reina amazona y, al tiempo, enamorándose de ella.

10 Telamone y cabezas de *telamone*

Treinta y ocho *telamoni* sostenían el entablamento del templo de Zeus Olímpico. En el siglo XIX se reconstruyó una de estas figuras a partir de varios trozos recuperados. Cada gigante se componía de numerosas piedras, cubiertas de estuco y quizá coloreadas. Los eruditos aún debaten sobre la forma y posición exactas de los *telamoni;* se cree que estaban erguidos y con los pies separados.

Gigantesca imagen del *telamone*

TOP 10 ⭐ Selinunte

Las ruinas de la antigua Selinus, un gran asentamiento en los confines occidentales de la Magna Grecia, otean el Mediterráneo desde un alto promontorio. En la actualidad es un importante yacimiento arqueológico, con uno de los templos griegos más grandes del mundo. El enclave se fundó en torno al año 608 a. C. y disfrutó de siglos de prosperidad antes de ser reducido a escombros por los cartagineses durante la Primera Guerra Púnica.

1 Grupo de templos del este
Aquí yacen las ruinas de tres templos *(arriba)* que se identifican por sus fragmentos decorativos. El templo E es un ejemplo del equilibrio dórico.

2 Templo G
Se trata del único templo octóstilo de Selinunte *(abajo)* y uno de los cuatro templos griegos más grandes del mundo. Sus columnas miden más de 16 metros. Se dejó sin acabar en 480 a. C.

3 Templos A y O
El templo A y el templo O, del cual solo queda la base, son idénticos y se construyeron en estilo dórico alrededor de 480 a. C. Son las ruinas más recientes del lugar.

4 Acrópolis
El promontorio fue allanado por sus primeros moradores para levantar edificios sagrados, y después inmuebles comerciales y residenciales.

5 Templo C
Construido en una pendiente, era el templo más importante del yacimiento. Estaba decorado con piedra policroma y elementos de terracota.

6 Muros de la acrópolis
Los muros originales de grandes bloques de piedra se reforzaron después de que la ciudad fuera saqueada por los cartagineses, en 409 a. C. y se construyó un segundo círculo en 305 a. C.

⑧ Metopas

Las metopas de Selinunte *(izquierda)*, unos paneles con escenas de la mitología griega grabadas, se encuentran en el Museo Archeologico Regionale Antonio Salinas *(ver p. 92)*. Las metopas talladas de los templos E y F son buenos ejemplos del estilo clásico.

CÓMO ORIENTARSE EN SELINUNTE

Selinunte se levantó sobre varias colinas situadas entre las desembocaduras de los ríos Cotone y Selinon (ahora Modione). Desde el aparcamiento principal y rebasando la taquilla, un sendero lleva al grupo de templos del este. La acrópolis se encuentra al otro lado del valle (emplazamiento del antiguo puerto) y es accesible a pie y en coche; el segundo aparcamiento está en su base. Al santuario de Malophoros no pueden acceder los vehículos privados.

⑨ Puerta Norte

De vital importancia para la defensa de Selinunte, esta puerta de 7 metros de altura estaba protegida por una sofisticada fortificación que incluía tres bastiones y dos filas de muros. Tras ser dañado en el año 409 a. C., el primer muro se reforzó.

⑩ Santuario de Malophorus

Este santuario funerario *(izquierda)* está dedicado a Malophoros, la diosa que porta una granada. La elegante pieza estuvo abierta entre los siglos VII y III a. C.

Selinunte

⑨ GRUPO ESTE ① ②
⑦ ℹ️
ACRÓPOLIS 🅿️
⑩ MARINELLA
400 metros
⑤ 🅿️ ⑥ ③ ④

⑦ Zona comercial y *stoa*

Tras el templo D hay restos de tiendas (cada una con dos estancias), un patio y unas escaleras que llevaban a los apartamentos de los tenderos.

INFORMACIÓN ÚTIL

MAPA B4 ▪ Piazzale Bovio Marconi, Marinella di Sellinute
▪ 092 446277
▪ https://parchiarcheo logici.regione.sicilia.it

Horario 9.00-20.00 Entrada 6 € (gratis para ciudadanos de la UE menores de 18 años)

▪ La playa de Marinella tiene magníficas vistas de las ruinas.

▪ La oficina de turismo de Castelvetrano organiza

visitas al yacimiento en carritos eléctricos.

▪ Cene entre las ruinas mientras disfruta de la danza o de la música. Infórmese en la taquilla.

▪ Entrada gratuita para arqueólogos y periodistas.

Características del templo dórico

① Proporción
La arquitectura griega seguía las normas de la proporción para asegurar la belleza y armonía de la estructura final. Los templos dóricos se construían en proporciones de 3:1 o 2:1 (longitud por anchura). La altura de las columnas era proporcional al diámetro de la base; al pasar los siglos se hicieron cada vez más delgadas.

② Columnas
La columna dórica tiene un capitel sencillo y un pilar estriado sin base. El pilar tiene más diámetro en la parte baja que en la superior.

Columnas dóricas estriadas

③ Columnata
Cuando las columnas se disponen alrededor del borde exterior de la *crepidoma* (base) forman una columnata. El templo es períptero cuando tiene una sola columnata y díptero cuando la columnata es doble.

④ Frontón
Es de forma triangular y descansa sobre el entablamento. Solía decorarse con figuras o relieves.

Entablamento y columna

Altar del Templo A, siglo V a. C.

⑤ Altar
Un bloque de piedra cincelado situado fuera del templo, en el extremo más oriental, se utilizaba para sacrificar animales.

⑥ Friso
Es el elemento decorativo del entablamento. Se alternan triglifos (bloques rectangulares surcados por tres canales o *guttae*) y metopas (amplios paneles habitualmente tallados con escenas figurativas).

⑦ Tejado
Se construía con vigas de madera y tejas de terracota. Incorporaba a menudo elementos decorativos policromos, como gárgolas en forma de cabeza de animal para rematar los caños de desagüe.

⑧ Color
Las piezas escultóricas y los elementos arquitectónicos, en especial el entablamento y el frontón, se pintaban con vivos colores (policromía), sobre todo rojo, azul, blanco y amarillo.

⑨ Cella
El santuario o *cella* es una estancia cerrada que solía encontrarse en el centro del templo. Aquí se guardaba la imagen sagrada o la estatua del dios o diosa.

⑩ Entablamento
El entablamento se extiende entre los capiteles y el frontón.

ASCENSO Y CAÍDA DE SELINUS

Selinus, llamada así por el abundante apio silvestre *(selinon),* que todavía crece en la zona, disfrutó de prosperidad y poder con un crecimiento urbano de 80.000 habitantes, impresionantes recintos religiosos, un acuñamiento propio de moneda y amplias posesiones agrarias. Situada en el límite del territorio griego, la ciudad tuvo que soportar guerras fronterizas con Segesta y vivió bajo la amenaza constante de Cartago. Aunque aceptó paulatinamente la influencia cartaginesa y se declaró neutral en la batalla de Himera (480 a. C.) entre los cartagineses y los griegos de Siracusa, prefirió ser aliada de Grecia. Selinus perdió este derecho en 409 a. C., cuando Aníbal y su ejército saquearon la ciudad y forzaron a sus habitantes a abandonar la zona residencial. A partir de entonces se volvió a fortificar la acrópolis y la ciudad permaneció bajo control púnico. Selinus fue abandonada en 250 a. C., cuando Cartago, adversaria de Roma en la Primera Guerra Púnica, trasladó a sus habitantes a Lilybaeum (la actual Marsala). Una pequeña comunidad se asentó en Selinus durante la era cristiana, pero también desapareció, y todo conocimiento acerca de la ciudad, incluso su nombre, se perdió hasta que los arqueólogos la descubrieron en el siglo XIX.

Entrada triunfal de Gelón en Siracusa
se representa en este cuadro de Giuseppe Carta (1853). Gelón, rey de Siracusa, repelió a los cartagineses en la batalla de Himera (480 a. C.).

**TOP 10
HALLAZGOS
DE SELINUNTE**

1 *Castigo de Acteón* (470 a. C.)

2 *Efebo* de bronce (470 a. C.)

3 *Zeus y Hera* (470 a. C.)

4 *Perseo y Medusa* (c. 560-550 a. C.)

5 Estatua de una koré (muchacha) (siglo VI a. C.)

6 Trigo de Tumminìa

7 *Europa y el toro* (siglo VI a. C.)

8 *Cinochoe* (cántaro corintio) (siglo VI a. C.)

9 *Lekanes* (caja ática) (siglo VI a. C.)

10 *Zeus* de bronce (siglo VI a. C.)

Metopa de Perseo decapitando a Medusa

Lo mejor
de Sicilia

**Cristo Pantocrátor,
catedral de Monreale**

🔟 Hitos históricos

1 Ducetio

Ducetio unificó a los sículos del este de Sicilia frente a los griegos en 452 a. C. Tuvo éxito al fortificar las posiciones y redistribuir la tierra, pero acabó cayendo en manos de Siracusa.

2 Supremacía de Siracusa

Los tiranos Hierón I, Gelón y Dionisio I aseguraron el dominio griego en Sicilia manteniendo el control desde Siracusa. Las colonias griegas lucharon entre sí, pero se unieron cuando fue necesario, como en la batalla de Himera (480 a. C.).

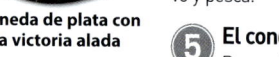

Moneda de plata con la victoria alada

3 El dominio romano

La toma de Siracusa por parte de Roma en 212 a. C. marcó el final del dominio griego de la isla. Tras siglos de guerra, la soberanía romana trajo la paz. Se enviaron pretores a Sicilia, incluido Verres, más tarde perseguido por Cicerón. Verres fue el primero de una larga lista de saqueadores extranjeros.

4 La invasión árabe

Después de tres siglos de gobierno bizantino, los árabes del norte de África invadieron Sicilia por Mazara del Vallo en 827. Tomaron Palermo, lo declararon capital y lo convirtieron en la ciudad cosmopolita que es hoy. Mejoraron las infraestructuras rurales e introdujeron nuevos métodos de cultivo y pesca.

5 El conde Roger

Roger de Hauteville (conocido como conde Roger o Roger I) tomó Sicilia entre 1061 y 1091. Fue el primero de una serie de gobernantes normandos que dieron un giro a la compleja y multicultural historia de la isla (ver p. 13).

6 La insurrección de Pascua

Tras décadas de gobierno angevino en 1282 hubo una sublevación en Palermo. Con el éxito de la revuelta y la muerte de los poco populares soberanos extranjeros, los sicilianos invitaron a Pedro de Aragón a convertirse en su rey.

Flota normanda de Roger de Hauteville en el siglo XI

7 La unificación

Siglos de dominio extranjero, desgobierno y sistema feudal significaron riqueza, poder y tierras en manos de unos pocos. Las revueltas populares empezaron en 1820 y alcanzaron su punto crítico en 1848. En mayo de 1860, el socialista italiano Garibaldi, con la ayuda de los Camisas Rojas sicilianos, tomó la isla y convenció a los campesinos para que apoyaran la unificación de Italia.

Garibaldi encabeza la expedición

8 La emigración

Tras la unificación, Sicilia se vio acosada por los impuestos e ignorada por Italia. Los campesinos no podían alimentar a sus familias y no había indicios de cambio, lo que motivó la emigración masiva a América a finales del siglo XIX y principios del XX.

9 Terremotos

En 1908, un terremoto mató a más de 70.000 personas y arrasó más del 90 % de Messina. Otro terremoto, en 1968, destruyó muchos pueblos del valle del Belice. Miles de personas fueron alojadas en refugios y esperaron 15 años hasta que el Gobierno italiano solucionó el problema.

10 Maxiproceso contra la mafia

Más de 350 *mafiosi* fueron procesados a finales de la década de 1980; en venganza, los jueces Falcone y Borsellino murieron asesinados en 1992. Uno de sus asesinos, Giovanni Brusca, salió de la cárcel en 2021, para estupor de la sociedad italiana.

TOP 10: FIGURAS MITOLÓGICAS

1 Eneas
Eneas huyó de Troya y se refugió en Sicilia, donde fundó Erice y Segesta.

2 Deméter
Diosa de la agricultura, la cosecha y la fertilidad. Su culto radicaba en Enna.

3 Perséfone
La hija de Deméter fue raptada por Hades en el lago Pergusa y conducida al mundo subterráneo.

4 Hefestos (Vulcano)
dios del fuego vivía en el Etna y usaba las llamas del volcán para forjar los rayos de Zeus, su padre.

5 Ulises
El líder militar griego vagó durante 10 años por el Mediterráneo buscando hogar. Muchas de sus aventuras sucedieron en Sicilia.

6 Polifemo
El cíclope pastor y caníbal que encerró a Ulises y sus hombres en su cueva del Etna.

7 Eolo
El rey de los vientos y maestro de la navegación vivió en las islas Eólicas.

8 Aretusa
Apresada por el dios Alfeo, Aretusa se arrojó al mar Jónico y reapareció en Siracusa convertida en fuente.

9 Acis
Asesinado por el celoso Polifemo, Acis se reencarnó en un río y dio su nombre a nueve ciudades de la costa jónica.

10 Escila y Caribdis
Estos horribles monstruos marinos, que moraban a ambos lados del estrecho de Messina, aterrorizaban a los navegantes.

Relieve de deidades y sus caballos

TOP 10 Enclaves antiguos

1 Siracusa

Los griegos fundaron esta colonia en 733 a. C. e iniciaron un plan de desarrollo y expansión que la convirtió en la ciudad más poderosa del Mediterráneo. Todavía se pueden ver restos de las estructuras defensivas y las zonas sagradas, públicas y residenciales. Un completo museo arqueológico ayuda a interpretar las distintas ruinas (ver pp. 24-27).

Restos de un templo griego, Selinunte

2 Solunto

Este pequeño pueblo permaneció bajo control cartaginés, junto con Mozia y Palermo, hasta que fue tomado por los romanos en 250 a. C. El diseño original en cuadrícula de la localidad todavía perdura y sus residencias y tiendas conservan rastros de decoración mural antigua, mosaicos, columnas y cisternas; estas últimas eran de vital importancia, ya que la posición de Solunto en un promontorio sobre el mar Tirreno dejaba lejos cualquier suministro de agua (ver p. 102).

3 Taormina

Situado sobre el monte Tauro, el teatro griego (siglo III a. C.) de Taormina es el segundo más grande de Sicilia, y seguramente el que ostenta el entorno más bello. Las vistas de Reggio di Calabria, el mar Jónico y el volcán Etna solo se interrumpen por la *scena* –hornacinas y columnas revestidos de mármol– añadida por los romanos (ver pp. 18-19).

El teatro griego de Taormina

4 Selinunte

Este parque arqueológico protege las ruinas de ocho enormes templos, entre ellos el C, uno de los más grandes del mundo antiguo. También hay restos visibles de construcciones fenicias, griegas cartaginesas y bizantinas (ver pp. 36-39).

5 Morgantina

Fue un importante centro comercial en la ruta entre el norte de Sicilia y las islas Eólicas. Recientemente se ha encontrado una gran cantidad de restos antiguos en el lugar. La localidad floreció durante los periodos helénico y romano y sus extensas ruinas datan de esos tiempos (ver p. 117).

6 Segesta

Este tranquilo y bello lugar acoge las ruinas de una de las ciudades más importantes de los elimios y de uno de los más perfectos templos dóricos que jamás se han construido. El propósito del templo se desconoce, lo que añade misterio al ya de por sí fascinante lugar (ver p. 100).

7 Agrigento
En el famoso Valle dei Templi yacen templos griegos y un santuario dedicado a las diosas Deméter y Perséfone, conocido como Santuario de Roca. El centro medieval de la ciudad está casi sepultado por el desarrollo moderno, pero se incorporaron a él fascinantes piezas pertenecientes a construcciones griegas (ver pp. 32-35).

8 Villa Romana del Casale
Las ruinas de la lujosa residencia de caza de un alto funcionario romano albergan el mejor ciclo de mosaicos romanos existente. Ricos diseños adornan los suelos de la villa (ver pp. 30-31).

Mosaico de la Villa Romana del Casale

9 Mozia
La isla situada entre Trapani y Marsala fue usada por los fenicios en el siglo VIII a. C. para controlar las rutas marítimas del Mediterráneo oriental. Se convirtió en baluarte cartaginés hasta su destrucción a manos de Siracusa (398 a. C.). Hoy, muros con puertas fortificadas y torres rodean todo el perímetro, incluido un puerto artificial. También se distinguen con claridad las calles pavimentadas y las zonas residenciales y sagradas (ver p. 101).

10 Tindari
Las ruinas de la antigua Tyndaris se conservan muy bien. La ciudad fue una de las últimas colonias griegas de Sicilia, fundada por los siracusenses en el año 396 a. C. Se conservan los restos de una villa y baños romanos y un anfiteatro (ver p. 111).

TOP 10: ESTILOS ARQUITECTÓNICOS

Palazzo dei Normanni, Palermo

1 Fenicio
Con los muros de bloques rectangulares fenicios se fortificaron la antiguas ciudades de Erice y Mozia y se construyeron los cimientos del Palazzo dei Normanni.

2 Griego
Los templos dóricos y los teatros semicirculares son lo que queda de los años que Sicilia vivió bajo el dominio griego.

3 Romano
Acueductos y suntuosas villas de patricios adornadas con mosaicos son los ejemplos más comunes de este estilo.

4 Arábigo-normando
La época de prosperidad de Sicilia fue testigo de la mezcla de arcos septentrionales apuntados y cúpulas árabes rojas.

5 Barroco español
La llegada de los jesuitas aportó intrincadas incrustaciones de mármol (intarsia) para adornar muros y altares de iglesias.

6 Barroco siciliano tardío
Esta innovación estilística creada tras el terremoto de 1693 puede verse en los *palazzi* de arenisca con grandes escaleras y decoración recargada.

7 Neoclásico
Recuperación del estilo grecorromano que exhibe frescos con colores de las ruinas de Pompeya.

8 Neogótico
La fachada dorada del Palazzo dei Normanni es un ejemplo magnífico de este movimiento del siglo XVIII.

9 Art Nouveau
Este exquisito movimiento artístico sirvió de inspiración a la ornamentada Villa Igiea de Palermo.

10 Ventennio
Los austeros edificios blancos como el de la oficina central de correos o los juzgados de Palermo son restos de la época fascista.

TOP 10 Lugares de culto

La obra maestra bizantina de Palermo, La Martorana

① La Martorana y San Cataldo, Palermo

Dos iglesias ejemplo de arquitectura árabe-normanda. La primera guarda el único retrato conocido del rey Roger II *(ver p. 91)*. San Cataldo conserva su interior y su exterior originales.

② San Domenico, Palermo

Alberga las tumbas de los ciudadanos más ilustres de Sicilia, como el físico Stanislao Cannizzaro y el pintor Pietro Novelli *(ver p. 91)*.

Iglesia de San Domenico, Palermo

③ Monreale

Guillermo II fundó el monasterio y la catedral de Santa Maria La Nova en 1174. Su tumba, junto con las de su padre el rey Guillermo I y su madre, la reina Margarita, se encuentran en el transepto sur *(ver pp. 14-15)*.

④ San Carlo al Corso, Noto

Dedicada a San Carlos Borromeo, esta iglesia del siglo XVIII se sitúa en el Corso y forma parte del perfil barroco de Noto. Suba a la torre, que alberga tres campanas, por las vistas del casco antiguo de la ciudad *(ver p. 29)*.

⑤ Moschea di Tunisia a Palermo

PLANO L4; Vicolo Gran Cancelliere 10 ▪ 091 321231 ▪ Los horarios varían

Dada su larga historia de invasiones *(ver pp. 52-53)*, Sicilia siempre ha sido una isla cosmopolita, destacando sobre todo su capital. Palermo alberga templos de culto de otras religiones, incluida una mezquita, recuerdo de su pasado árabe. La mezquita ocupa la iglesia deconsagrada de San Paolino dei Giardinieri, elegida por su orientación hacia La Meca.

6 Cappella Palatina, Palermo

Esta obra maestra del arte arábigo-normando celebra la gloria de Dios y del gobierno normando. La misa se oficia en la ornada capilla *(ver p. 13)*.

7 San Giorgio, Ragusa

MAPA F5 ▪ Piazza Duomo ▪ Museo: horario: 10.00-12.30 y 15.30-18.00 todos los días (invierno: solo sá y do)

La catedral de Ragusa Ibla se levanta en el casco antiguo. La fachada ondulada, típica del arquitecto Gagliardi, cuenta con una torre central, columnas abombadas y volutas arremolinadas.

8 Catedral de Siracusa

MAPA H5 ▪ Piazza Duomo ▪ Horario: 9.00-18.30 todos los días ▪ Se cobra entrada

El emplazamiento de un lugar de culto católico ocupa un espacio que había sido un templo griego consagrado a Minerva. Tras la fachada barroca, la estructura del templo griego ha sido adaptada como iglesia.

9 San Nicola, Agrigento

Esta bella iglesia del siglo XIII se encuentra en el Valle dei Templi. Su fachada combina motivos góticos con antiguas columnas romanas. En la capilla de la derecha hay un interesante sarcófago romano *(ver p. 32)*.

Interior bizantino, catedral de Cefalù

10 Catedral de Cefalù

MAPA E2 ▪ Piazza Duomo ▪ 092 1922021 ▪ Horario: 10.00-13.00 y 15.00-18.00 todos los días ▪ Se cobra entrada a los claustros

En 1131, después de varios días de tempestad, el rey normando Roger II desembarcó en Cefalù y, para dar gracias a Dios, fundó la catedral, hoy famosa por sus mosaicos bizantinos y sus claustros restaurados. La iglesia tiene dos dos típicos campanarios cuadrados *(ver p. 110)*.

TOP10 Castillos

Las murallas del Castello Ursino

1 Castello Ursino, Catania
MAPA G4 ▪ **Piazza Federico di Svevia** ▪ **Horario:** 9.00-19.00 todos los días (último acceso 18.00) ▪ Se cobra entrada

Construido hacia 1250, este castillo ha sido utilizado como residencia real, sede del parlamento y prisión. Ahora alberga el Museo Cívico de Catania.

2 Castello di Lombardia, Enna
MAPA E4 ▪ **Horario:** 10.00-19.00 todos los días

Este es uno de los castillos más grandes de la isla. Federico II mandó construirlo en 1233 en esta atalaya natural. Las murallas y seis torres permanecen en pie.

3 Castello Ventimiglia, Castelbuono
MAPA E3 ▪ **Horario:** 9.30-13.00, 15.30-18.30 todos los días ▪ Se cobra entrada

En 1316 la familia Ventimiglia construyó su fuerte en un saliente rocoso de las montañas Madonie. El interior guarda la capilla de Santa Ana, obra de Giacomo Serpotta (1652-1732).

4 Castello Normanno, Aci Castello
MAPA G4 ▪ **Horario:** jun-ago: 9.30-13.00 y 14.00-20.30 todos los días; sep-mar: 15.00-19.00 todos los días (hasta 17.00 en invierno) ▪ Se cobra entrada

Este castillo normando descansa en un promontorio sobre el mar. Quedó cubierto de lava en 1169, luego fue reconstruido y, más tarde, parcialmente destruido por Federico II de Aragón en 1297. Una escalinata sube por las defensas hacia el interior. Los pasajes y cámaras albergan la colección arqueológica del Museo Cívico.

5 Castello di Caccamo
MAPA D3 ▪ **Horario:** 9.00-12.30 y 15.30-19.00 ma-do ▪ Se cobra entrada

Construido en el siglo XII, este castillo normando se alza sobre el pueblo y el valle. Se puede caminar entre las defensas y visitar la Sala di Congiura, donde en 1160 los barones acordaron derrocar al rey Guillermo I.

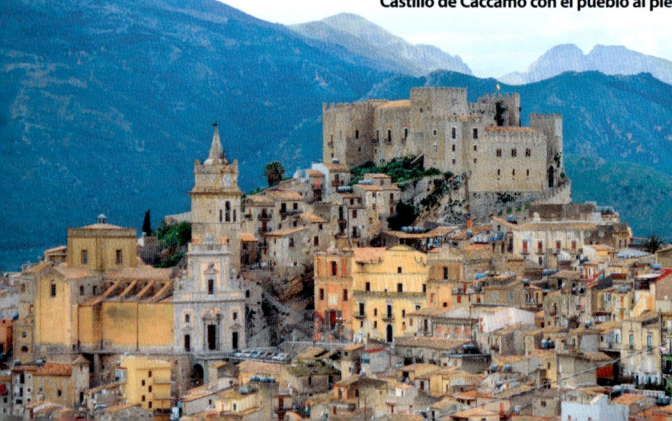

Castillo de Caccamo con el pueblo al pie

Castello Eurialo

6 Las fortificaciones de este castillo datan del siglo V a. C. y defendían el acceso a la Siracusa griega. Arquímedes añadió un puente levadizo, trincheras y catapultas para proteger la torre *(ver p. 128)*, que está unida por túneles con las trincheras.

Castello di Lipari

7 **MAPA G1** ■ **Horario: 9.00-19.00 todos los días (nov-abr: hasta 16.00 y 9.00-13.00 festivos)** ■ **Se cobra entrada**

Este castillo de roca ha estado fortificado durante seis milenios. La puerta normanda del siglo XII da acceso a una serie de muros construidos por los griegos en el siglo IV a. C. y reconstruidos por los españoles en 1556.

Castello di Donnafugata

8 **MAPA F6** ■ **Horario: 9.00-19.00 ma-do (hasta 16.00 en invierno)** ■ **Se cobra entrada**

Donnafugata es una mezcla de estilos. Los árabes fortificaron el lugar hacia el año 1000; se convirtió en castillo hacia el 1300, y en 1865 se le añadió una galería gótica veneciana.

Castello di Venere, Erice

9 **MAPA B2** ■ **Via Conte Pepoli** ■ **Cerrado temporalmente por reformas**

Goza de un impresionante emplazamiento en un escarpado acantilado.

Dentro, los restos de las murallas normandas rodean la antigua zona consagrada a Venus Ercinia (los restos del templo se usaron para levantar el castillo). En el lugar también hay ruinas fenicias y romanas.

Castello di Venere

Castello di Manfredonico

10 **MAPA D4** ■ **Mussomeli, Messina** ■ **Horario: 9.00-13.15 y 15.15-19.00 lu-vi; 9.00-12.15 y 15.00-18.15 sá y do** ■ **Se cobra entrada**

Construido sobre una roca de 80 m de altura, este castillo es un ejemplo de arquitectura gótica del siglo XIV. Se considera casi inexpugnable.

TOP10 **Museos**

Relieves del Museo Archeologico Regionale Antonio Salinas, Palermo

1 Museo Archeologico Regionale Antonio Salinas, Palermo

Un museo dedicado al famoso arqueólogo Antonio Salinas y alojado en un antiguo palacio. Piezas recopiladas en todo el oeste siciliano ilustran el desarrollo del arte y la cultura desde la prehistoria hasta la época romana (*ver p. 92*).

2 Galleria Regionale di Sicilia, Palazzo Abatellis, Palermo

Este palacio gótico catalán se construyó a finales del siglo XV y hoy alberga las colecciones del antiguo Museo Nazionale. Las pinturas y esculturas de maestros sicilianos abarcan desde el siglo XIII hasta el

Triunfo de la muerte, **Palazzo Abatellis**

XVI, y se completan con trabajos de artistas italianos y flamencos (*ver p. 91*).

3 Museo Archeologico, Siracusa

Es un museo arqueológico de importancia contrastada y documenta las civilizaciones y culturas antiguas de Siracusa y el este de la isla (*ver pp. 26-27*).

4 Museo Mandralisca, Cefalù

MAPA E2 ▪ Via Mandralisca 13 ▪ 092 1421547 ▪ Horario: 9.00-19.00 todos los días (9.30-22.00 en verano) ▪ Se cobra entrada ▪ www.fondazionemandralisca.it

El museo alberga hallazgos arqueológicos magníficos, incluyendo vasijas griegas y árabes. Hay también una sección dedicada a artistas sicilianos. Aquí está *Retrato de hombre* (1465), de Antonello da Messina.

5 Museo Regionale di Messina

MAPA H2 ▪ Viale della Libertà 465, Messina ▪ 090 361292 ▪ Horario: 9.00-18.00 lu-sá (hasta 12.30 do y festivos) ▪ Se cobra entrada

Este museo alberga fragmentos arquitectónicos, escultóricos y decorativos recuperados de iglesias tras el terremoto de 1908, así como pinturas y esculturas. Destacan dos obras de Caravaggio.

6 Museo del Sale, Paceco

Situado en un molino de viento restaurado, ese museo muestra cada paso de la fabricación de la sal: llenado de las ollas con agua de mar, evaporación, recuperación, limpieza, almacenaje y molienda *(ver p. 66)*.

7 Museo Archeologico Regionale Eoliano, Lipari

En este museo se exhiben desde herramientas de obsidiana del Neolítico hasta artículos obtenidos a través del comercio. También se pueden contemplar bellas vasijas y máscaras griegas que se han conservado desde la ocupación griega de Sicilia *(ver p. 17)*.

8 Le Ciminiere, Catania

■ MAPA G4 ■ Viale Africa ■ 095 401111 ■ Museo dello Sbarco: 9.00-17.00 ma-do ■ Se cobra entrada

Esta antigua zona de refinerías de azufre es ahora un centro cultural. Entre sus instalaciones se halla el Museo dello Sbarco, que recuerda el desembarco de estadounidenses y británicos en Sicilia en 1943, el Museo del Cinema *(ver p. 66)* y un teatro de títeres tradicional.

Títeres tradicionales sicilianos

9 Casa-Museo di Antonino Uccello, Palazzolo Acreide

La misión de Antonino Uccello fue luchar contra la desaparición de la cultura campesina y los objetos tradicionales hechos a mano que empleaban. Se exponen títeres, carros, salas de una casa de campesinos y herramientas que ilustran un aspecto sin igual de la historia siciliana *(ver p. 129)*.

Busto de piedra, Museo Arqueológico de Agrigento

10 Museo Archeologico, Agrigento

Piezas arqueológicas de Agrigento y colonias afines, desde la Edad del Bronce hasta el periodo romano, pasando por la época helénica *(ver pp. 34-35)*.

0 kilómetros   50

🏆10 Vestigios de invasores

El acueducto que atraviesa un valle

basaron en los antiguos patrones. La zona de estrechas calles rectas de Siracusa conocida como *pettina* (peine) es de origen griego. Las minúsculas y sinuosas calles de las barriadas antiguas de Palermo como La Kalsa o el entramado de Castelvetrano proceden de los árabes. En Cefalù, el sistema de calles paralelas que llevan al mar es herencia normanda.

⑤ Técnicas agrícolas
Los árabes cultivaban sistemáticamente según tipos de plantas y producían cosechas más aromáticas y abundantes. Regados con la *gebbia*, un depósito de agua cercano, también sabían cuándo dejar de regar los cítricos para que tuvieran más sabor.

① Agua
Los griegos y los romanos construyeron acueductos y molinos de agua, mientras que los árabes introdujeron los sistemas de riego.

② Los dialectos
Los 22 dialectos de la isla atestiguan el enorme solapamiento de culturas a lo largo de siglos. Entre las palabras que aún se emplean están *naca* (cuna) del griego, *giuggielena* (sésamo) del árabe y *travagliare* (trabajar) del francés. En la ciudad de Piana degli Albanesi, sus habitantes hablan Arbëresh, derivada del albanés del siglo XVI.

③ Topónimos
Los nombres de los lugares son versiones italianas de los nombres originales griegos y latinos. Erice fue conocida como Monte San Giuliano hasta 1934, cuando a Mussolini se le ocurrió adoptar la versión italiana de su nombre griego, Eryx. Quedan muchos nombres árabes, como aquellos que llevan los prefijos *calta*, *gibil* y *sala*.

④ Planos urbanísticos
Los planos urbanísticos de las ciudades modernas a menudo se

Penne all'arrabbiata

⑥ La pasta
La pasta fresca de harina de trigo se empezó a cocinar en Italia en época etrusca. Sin embargo, la pasta seca, susceptible de ser almacenada, parece ser un invento de los árabes elaborado a partir de la sémola siciliana.

⑦ Cultivos
Los griegos trajeron el olivo y la vid; los árabes aportaron los cítricos, la caña de azúcar, el dátil, el pistacho, el lino, el algodón y la mora; los españoles introdujeron el tomate, la patata, el chocolate y el higo chumbo (en italiano, *ficod'India*).

⑧ Técnicas de pesca

Las tradicionales técnicas de pesca sicilianas vienen de los árabes. En el canal entre Levanzo y Favignana los pescadores de atún aún practican la *mattanza* (almadraba). Los peces son conducidos a través de redes cada vez más estrechas hasta la superficie. Los pescadores suelen cantar a coro mientras realizan el trabajo. Cerca de Messina se pesca el pez espada desde embarcaciones llamadas *feluche*. Tras ser avistado y capturado, el pez es alzado a bordo.

Erosión causada por lluvias intensas

⑨ Erosión

Los romanos iniciaron la deforestación de la isla para exportar madera y extender los cultivos de trigo. Sicilia hoy apenas tiene árboles y la lluvia agudiza la erosión.

⑩ Torres fortificadas

Los españoles protegieron la costa siciliana con más de 100 torres defensivas. Se comunicaban de una a otra mediante señales de fuego.

Torres fortificadas en Scopello

TOP 10: INVASORES

Batalla de Himera, guerras púnicas

1 Griegos
La primera colonia griega se fundó en Naxos (734 a. C.), y desplazó a los habitantes locales.

2 Cartagineses
Cartago invadió la isla varias veces y muchas batallas de las guerras púnicas tuvieron lugar en Sicilia.

3 Romanos
Tras varios años de guerra, Roma recuperó Sicilia finalmente tras la caída de Siracusa en el 212 a. C.

4 Bizantinos
En 535, Sicilia se incorporó al Imperio Romano oriental de Justiniano.

5 Árabes
La conquista comenzó en 827 y se completó en 902, con la caída de Taormina.

6 Normandos
Tras 30 años de cruzadas, el conde Roger tomó Sicilia en 1091 (ver p. 42).

7 Españoles
Pedro de Aragón fue coronado rey de Sicilia en 1282, iniciando casi 440 años de dominio español.

8 Borbones
Sicilia fue entregada a la Casa de Saboya en la Paz de Utrecht (1713) y canjeada por Cerdeña siete años después, con lo que pasó a manos de los Habsburgo.

9 Italianos
Garibaldi y sus Camisas Rojas entraron en Marsala en 1860 y emprendieron la unificación de Italia.

10 Aliados
El 10 de julio de 1943, las fuerzas aliadas de los generales Patton y Montgomery desembarcaron en Licata y Pachino, y tomaron Sicilia en 38 días.

⟨TOP 10⟩ Costumbres y tradiciones

① **Gesticulación**
Un escritor de viajes afirmó que los sicilianos utilizan los gestos manuales desde la invasión griega como forma de promover la resistencia contra el dominio extranjero. Se emplean para decir, por ejemplo, «¡Qué rico está!», «Vamos», «Me da igual», «¿Tomamos un café?», «Ten cuidado», «No es buena idea» o, incluso, «No te soporto».

② **El carro siciliano**
Utilizado antiguamente como medio de transporte, estos carros de madera están pintados de colores vistosos y representan escenas de los espectáculos de títeres sicilianos tradicionales. Suelen aparecer en desfiles locales.

Carro siciliano decorado

③ **Fiestas**
En el pasado, las fiestas de los santos patrones eran la única oportunidad para relajarse y entretenerse. Solían celebrarse en primavera para que los campesinos pudieran descansar. La *festa* era el único día en que todos dejaban el campo para participar en las procesiones religiosas, los juegos, las carreras de caballos y los fuegos de artificio (*ver pp. 86-87*).

***Botte* siciliano con botellas de vino**

④ **Vino**
Un vaso de vino del año acompaña a los *muffuletti* del día de San Martín (pan con semillas de hinojo y untado con aceite y sal). Este vino suele ser de sabor fuerte y color ambarino, y se saca directamente del *botte* (barril). Muchas familias tienen viñas suficientes para producir al menos un barril anual; lo dejan fermentar en la bodega, el garaje o cualquier lugar fresco.

⑤ **Refranes**
Los sicilianos siempre tienen un dicho ingenioso en dialecto. Algunos ejemplos son: «Cu' avi 'nna bona vigna, avi pani, vino e ligna» (quien tiene una buena viña, tiene pan, vino y leña); «Cu nun 'sapi l'arti, chiudi putia» (quien no conoce su oficio, cierra la tienda); «L'amuri e come a tussi... nun si po ammuncciari» (el amor es como la tos... es imposible de ocultar), y «Cantami suoggira, sentimi nuora» (canta a la suegra, escucha a la cuñada).

⑥ **Leyendas**
Los poetas de la corte francesa del rey Roger (siglo XII) contaban historias de Carlomagno, los paladines y el rey Arturo, en una de las cuales apareció Sicilia. Los paladines sobreviven como héroes del teatro de títeres (*ver pp. 68-69*).

7 Los difuntos

El 2 de noviembre se celebra con fervor el Día de Todos los Santos. Las familias visitan los cementerios y limpian y adornan con flores frescas las tumbas de sus seres queridos. Los parientes del otro mundo dejan regalos para los niños, como juguetes, *frutta martorana* (frutas hechas con pasta de almendra) y *pupi di cera* (muñecas de azúcar de llamativos colores).

8 Aceite de oliva

El 11 de noviembre, día de San Martín, las familias prueban el nuevo aceite de oliva rociándolo sobre los *muffuletti*. Si no tienen sus propios olivos, intentan conseguir el aceite del año por medio de algún pariente o amigo y lo guardan en una *giara* (jarra) de terracota.

9 La Befana

Esta vieja, que declinó una invitación de los Reyes Magos para llevar presentes al niño Jesús, se arrepintió de su decisión y desde entonces viaja con un saco lleno de regalos. Cada 6 de enero (Epifanía) llena los calcetines de los niños de regalos si han sido buenos o de carbón dulce si no se han portado bien.

10 Pesca artesanal

La pesca es una gran industria, pero todavía hay barcos que emplean redes y trampas de langosta hechas a mano para rendir homenaje a la herencia cultural y las tradiciones de los pescadores de Sicilia.

Reparando redes tras un día de pesca

TOP 10: TRADICIONES LOCALES

La pintoresca Isola Bella

1 Creación de la costa jónica
La leyenda cuenta que el cíclope Polifemo (*ver p. 43*) lanzó rocas gigantescas al mar y formó la línea de costa que va de Mazzaro a Isola Bella.

2 Cuento de viejas
Se considera que colgar cuadros de aves en las casas trae mala suerte porque se cree que las plumas son causa de enfermedades.

3 Servir vino
En la Edad Media, un movimiento de la muñeca mientras se estaba sirviendo vino significaba que la bebida había sido envenenada; por eso los sicilianos sirven el vino siempre de frente a los comensales.

4 Tradiciones matrimoniales
Los recién casados reciben como regalo sal para purificar la casa y una escoba para barrer los espíritus malignos.

5 Curanderos locales
Un *mago* o *maga* lanza hechizos, cura enfermedades y prepara pociones.

6 Rituales gastronómicos
Hay muchos rituales o hábitos relacionados con la comida. Por ejemplo, siempre debe colocarse una barra de pan al lado derecho de la mesa.

7 Modales
Los sicilianos evitan entregarse un cuchillo o pasarse la sal directamente. En lugar de eso, lo ponen en la mesa frente a la persona que lo pide.

8 Las sobras
Después de cenar, es costumbre dejar pan o vino en la mesa para los espíritus.

9 Mal de ojo
Llevar un amuleto de color rojo o coral en forma de cuerno protege contra el mal de ojo.

10 Primavera
Se cree que el regreso de Perséfone (*ver p. 120*) del inframundo marca cada año el comienzo de la primavera.

TOP 10 Artistas, escritores y compositores

Ilustración de finales del siglo XIX de la tragedia griega *Prometeo encadenado*

1 Esquilo

El "padre de la tragedia griega" (525-456 a. C.) nació en Atenas y visitó Sicilia con frecuencia. Solo nos han quedado 7 de sus 500 obras; entre ellas destacan *Agamenón, Edipo y Prometeo encadenado*. Algunas se estrenaron en el teatro de Siracusa (ver p. 25) y todavía hoy se siguen representando.

2 Antonello da Messina

Este pintor, oriundo de Messina, (c. 1430-1479) es uno de los maestros del arte renacentista italiano, famoso por su detallismo, sus intrigantes retratos y la calidad luminosa de sus pinturas. Esta última característica es fruto de su diestro uso del óleo, técnica que aprendió de los maestros flamencos. Los artistas renacentistas italianos adoptaron en sus inicios el óleo, convirtiéndolo en la técnica estándar de las obras maestras. Los pocos trabajos de Antonello que quedan en Sicilia se encuentran en Palermo, Messina, Siracusa y Cefalù.

3 Maria Costa

La poetisa Maria Costa (1926-2016) escribió sus obras más importantes en dialecto siciliano. En 2006, fue reconocida por el Unesco como "Tesoro Humano Vivo" en el Registro del Patrimonio Inmaterial de la región de Sicilia.

4 Giacomo Serpotta

Este artista de Palermo (1656-1732) decoró interiores barrocos creando una transición estética entre la arquitectura y la pintura; para ello, cubría todo el espacio con figuras y escenas modeladas en estuco.

Retrato de Vincenzo Bellini

5 Vincenzo Bellini

Este compositor (1801-1835) nació en Catania y se formó en Nápoles. Está enterrado en la catedral de Catania. Sus exitosas óperas se llevaron a La Scala de Milán. Entre ellas destacan *La sonámbula* y *Norma*.

6 Luigi Pirandello

Nacido en Xaos, cerca de Agrigento, Pirandello (1867-1936) es conocido como el fundador del drama del siglo XX, con obras como *Seis personajes en busca de autor* (1921).

7 Giuseppe Tomasi di Lampedusa

Di Lampedusa (1896-1957) es el autor de *Il Gattopardo*, retrato de la aristocracia siciliana en tiempos de la unificación. La obra está basada en la vida de su bisabuelo y se publicó con carácter póstumo.

8 Salvatore Quasimodo

Nacido en Modica, Quasimodo (1901-1968), novelista y poeta, escribió obras antifascistas en un clima político que hacía necesario disfrazar su mensaje. Recibió el Nobel de literatura en 1959.

9 Renato Guttuso

De Bagheria, Guttuso (1912-1987) pintó enérgicos lienzos expresionistas que tratan claramente el fascismo y la mafia e ilustran la vida campesina.

10 Leonardo Sciascia

Sciascia (1921-1989) fue ensayista político y escritor. Obras como *Il mare colore del vino* ayudan a comprender el mundo del pensamiento siciliano y la cultura mafiosa.

El novelista Leonardo Sciascia

Burt Lancaster en *El gatopardo*

1 *El gatopardo*
Visconti adaptó en 1963 la novela de Lampedusa, con Burt Lancaster como protagonista.

2 *Divorcio a la italiana*
Marcelo Mastroianni es un aristócrata siciliano que quiere divorciarse en esta comedia de Pietro Germi de 1961.

3 *A cada uno el suyo*
Adaptación de una novela de Sciascia sobre la vida en Sicilia en los años sesenta. Dirigida por Elio Petri en 1967.

4 *La terra trema*
Adaptación de Visconti (1948) de *I Malavoglia*, de Verga, la historia del sueño fallido de independencia de un pescador.

5 *El Padrino*
La emblemática saga de Francis Ford Coppola sobre la mafia, basada en el libro de Mario Puzo.

6 *Los cien días de Palermo*
Giuseppe Ferrara (1983) narra la historia del policía Carlo Alberto Della Chiesa, asesinado por la mafia tras 100 días en activo.

7 *Kaos*
Adaptación de cuatro relatos de Pirandello (1984).

8 *Cinema Paradiso*
Película de Giuseppe Tornatore (1989) ganador de un Oscar. Una visión romántica de la infancia en un pueblo.

9 *El cartero y Pablo Neruda*
Rodada en Salina, la vida de un cartero siciliano cambia a raíz de su amistad con el poeta chileno (1994).

10 *Viola di Mare*
La película de Donatella de 2009 explora el romance entre dos jóvenes mujeres en la Sicilia del siglo XIX.

TOP10 Pueblos

El pintoresco Novara di Sicilia

efectos del turismo, pero ha conservado el encanto de las minúsculas aldeas pesqueras. Todavía verá a los pescadores reparando sus inmensas redes en la plaza.

❶ Novara di Sicilia
MAPA G2

Esta pequeña aldea montañesa se encuentra entre las cordilleras de Peloritani y Nebrodi. El barrio medieval alberga un castillo árabe desmoronado y la Chiesa Madre (siglo XVI), con tallas naíf de madera en el altar.

❷ Scopello di Sopra
MAPA C2

Este pequeño pueblo de pescadores resultaba casi inaccesible hasta que se construyó la carretera de Castellammare. Ahora sufre los

❸ Sambuca di Sicilia
MAPA C3

Con sus hermosos edificios barrocos, callejones árabes y viñedos, es una de las ciudades más pintorescas de toda Sicilia, y sin muchos turistas. Concretamente, no se pierda las ruinas del castillo de Mazzalakar, junto al lago Arancia (Lago Naranja).

❹ Palazzolo Acreide
Esta aldea originalmente griega llamada Akrai (se conserva un pequeño teatro griego) es un enclave encantador de los montes Ibleos, con un imponente abanico de entornos históricos teniendo en cuenta su pequeña envergadura (ver p. 125). Casi todo lo que verá es barroco. Las iglesias son espectaculares, sobre todo la gran iglesia de San Sebastiano y la diminuta iglesia de la Anunciación, con sus columnas salomónicas.

⑤ Butera
MAPA E5

En lo alto de una meseta con vistas al campo y al mar, Butera data de la Edad del Bronce y conserva rastros del lombardo en su dialecto. Famosa por sus hectáreas de viñedos, suministra uva a vinicultores locales y nacionales.

⑥ Piana degli Albanesi
MAPA C2

Encajado entre las colinas sicilianas, fue fundada en el siglo XV por refugiados greco-albaneses y conserva su singular legado. Se habla dialecto albanés y las señales viarias aparecen en dos idiomas. Aquí se celebran las bodas con trajes tradicionales y según ritos católicos bizantinos.

⑦ Mezzojuso
MAPA D3

El nombre de esta aldea significa "a medio descenso" y está en las laderas de las montañas Madonie. Tiene un aire más alpino que mediterráneo. Acogió a colonos greco-albanos y el monasterio basilio fue un núcleo de actividad cultural; hoy alberga una biblioteca con libros antiguos.

⑧ Petralia Soprana
MAPA E3

El pueblo más alto de las montañas Madonie, a 1.147 metros, parece indiferente al mundo moderno con sus vistas de los ondulados montes.

Petralia Soprana, sobre las colinas

Las calles de piedra de Erice

⑨ Erice

Este pueblo ha logrado conservar intacto su encanto medieval. Todos los edificios están construidos en piedra blanca, lo que le da un aspecto de cuento. Las calles de piedra también tienen un pavimento característico, con la piedra desgastada *(ver p. 99).*

⑩ Palazzo Adriano
MAPA D3

A 700 m sobre el nivel del mar, este pueblo permanece distante y orgulloso. En la Piazza Umberto I hay dos iglesias: la católica de Santa Maria del Lume y la griega ortodoxa de Santa Maria Assunta (XV). En el Palazzo Adriano se rodó la película *Cinema Paradiso (ver p. 57).*

TOP10 Playas

Cala apartada entre farallones, cerca de Scopello

① Castellammare del Golfo
MAPA C2

Las playas situadas al oeste de Castellammare son más bonitas y están menos masificadas que las situadas al este. Esta zona está llena de calas con agua cristalina; las más espectaculares son las de guijarros de Lo Zingaro *(ver p. 100)* y las de Scopello Tonnara, con farallones y viejos muelles para tomar el sol.

② Mondello
MAPA D2

Lugar de recreo adoptado por Palermo, abundan las villas de la aristocracia de la capital, los bares, heladerías, restaurantes y discotecas. No es muy popular para nadar por la escasa profundidad de sus aguas, pero es ideal para otras actividades playeras.

③ Eraclea Minoa
MAPA C4

A los pies de las ruinas de la ciudad griega *(ver p. 118)*, esta pequeña aldea cobra vida al llegar el verano. La playa, de arena y rodeada de pinos, es larga, ancha y abierta. En sus extremos hay dos bares con tumbonas y aperitivos.

④ Aci Castello
MAPA G4

El agua cristalina baña las rocas de lava negra que se encuentran al pie del castillo *(ver p. 48)*. Bajando hacia la izquierda se llega a la piscina de waterpolo que se instala en verano; a la derecha hay un muelle para tomar el sol y bucear.

⑤ Mazzarò y Giardini-Naxos
MAPA H3

El agua en los dos centros turísticos de Taormina es tranquila y de un azul brillante. Un teleférico desciende hasta Mazzarò, un área con playas de guijarros, zonas de baño y calas. La popular Isola Bella está cerca *(ver p. 18)*. Giardini-Naxos es un centro turístico con un puerto y largos tramos de playa con hoteles *(ver p. 109)*.

Un día de playa en Mondello

6 Lampedusa
MAPA B6

La diminuta Isola dei Conigli, junto a Lampedusa, y la bahía que hay entre medias han sido declaradas reserva natural para las tortugas marinas, que desovan en la playa. El mar está limpio, la arena es blanca y el fondo, poco profundo. No cuenta con servicios.

7 Scoglitti y Donnalucata
MAPA F5-F6

Las playas arenosas de esta franja costera del sur de la isla de Sicilia son largas, anchas y están bañadas por un mar azul verdoso. El desarrollo turístico es muy escaso; solo se encuentran pequeñas aldeas de pescadores como Scoglitti y Donnalucata, con sus agradables mercados y buenos restaurantes, y otras localidades que se animan al llegar el verano, como Marina di Ragusa.

8 Selinunte
MAPA B4

Una larga playa de arena se extiende al este del puerto, justo bajo los templos *(ver pp. 36-39)*. Cuenta con tumbonas, equipamiento para deportes acuáticos, restaurantes y bares. Suele estar llena de jóvenes. Al oeste, tras el pequeño pinar, hay otra playa más familiar.

9 Pollara, Salina
MAPA G1

Playa de guijarros con un acantilado como telón de fondo. Cuando el viento sopla fuerte, la playa de Pollara desaparece bajo las olas. Los farallones rocosos se asoman al mar. Lleve comida y bebida o cómprela en la plaza de la iglesia *(ver p. 16)*.

Acantilados de playa Pollara, Salina

10 Vendicari
MAPA G6

Una reserva natural con playas de arena se extiende alrededor de la torre aragonesa del siglo XV. La primitiva costa ofrece una experiencia natural y sosegada. El parque está cubierto de maquis y ofrece un lugar de descanso ideal para las aves migratorias que vienen o van a África.

🔟 Actividades al aire libre

Caminantes en un viejo río de lava

① Senderismo

Hay buenas rutas por toda la isla, ya se busque una dura subida a un volcán, una larga caminata por las verdes colinas del interior o una emocionante caminata por los acantilados. Muchas reservas naturales están señalizadas, incluso con grados de dificultad. Lo Zingaro *(ver p. 100)* tiene varias rutas con distintos niveles de dificultad, al igual que las cadenas montañosas de Nebrodi y Madonie *(ver p. 113)*. Contrate un guía para explorar el Etna, Stromboli o Vulcano.

Parapente en San Vito Lo Capo

② Golf

www.italygolfandmore.com ■ Il Picciolo Golf Club: www.ilpicciolo golf.com ■ I Monasteri Golf Resort: www.imonasterigolfresort.com ■ Rocco Forte Verdura Resort: www.roccofortehotels.com/it/hotels-and-resorts/verdura-resort

Hay varios campos de golf de 18 hoyos, muchas veces en espectaculares lugares del litoral. Algunos forman parte de complejos hoteleros de lujo con *spa,* iniciativas culinarias y eventos culturales.

③ Deportes acuáticos

En muchos lugares, como Scopello y las islas Eólicas, se puede bucear y practicar esnórquel con guías cualificados en centros de submarinismo, o bucear por cuenta propia para disfrutar de la vida marina de las costas sicilianas. Las playas de las zonas más populares alquilan hidropedales y tablas de windsurf.

④ Natación

Las limpias aguas sicilianas son perfectas para nadar y bucear. La costa ofrece playas de arena y de guijarros, calas, cuevas y formaciones rocosas. No debe olvidarse que no siempre hay socorristas.

⑤ Parapente

Para disfrutar de los vientos costeros nada mejor que un parapente biplaza con un experto al mando. Esta estimulante experiencia ofrece una panorámica de la isla a vista de pájaro.

6 Equitación

En el Etna, las montañas Madonie y Nebrodi y la zona de Lo Zingaro hay pequeñas granjas donde se alquilan caballos. Se puede preguntar en los hoteles cercanos o consultar los folletos de *ippoturismo* y *maneggio* (picaderos).

El ciclismo es buena manera de explorar

7 Ciclismo

Sicilia ofrece un terreno abrupto para los ciclistas. Sin embargo, se trata de un medio ideal para visitar las poblaciones y los centros turísticos; en muchas se puede alquilar bicicletas a través de las oficinas de turismo.

8 Descenso de cañones

Los cañones y gargantas son lugares magníficos para pasear o nadar bajo el calor del verano. Hay empresas que organizan excursiones a cañones, muchas veces en el marco de excursiones de todo un día. Destacan los de Alcántara, Cava Grande y Gole di Tiberio.

9 Paseos en barco

En muchos puertos se puede alquilar embarcaciones con o sin tripulación para acceder a las calas más recónditas.

10 Esquí en el Etna

El grosor de la nieve depende de los torrentes de lava internos, pero en invierno siempre suele haber nieve en la cara norte. En Zafferana Etnea, Nicolosi y Linguaglossa hay alquileres, escuelas y remontes *(ver pp. 20-21)*.

TOP 10: FLORA Y FAUNA SICILIANA

1 Tortuga marina
Las tortugas marinas entierran sus huevos en el estuario del Belice y las islas Pelagias.

2 Caballo *sanfratellano*
Esta especie, oriunda de las montañas Nebrodi, desciende del primitivo *Equus sicanus*.

3 Cirneco dell'Etna
El perro autóctono del Etna es un cazador natural que busca pequeñas presas.

4 Cactus
La chumbera prospera en el árido suelo siciliano.

5 Palmera enana
Esta planta abunda en el noroeste de Sicilia y se usa para hacer cestas y escobas.

6 Hinojo
Amarillo vivo, verde o marrón tostado, dependiendo de la estación, el hinojo cubre las colinas y surge en las cunetas.

7 Pita
Esta planta con hojas largas y espinosas, parecida al aloe, da flores que salen de unos tallos que pueden alcanzar los 12 metros de altura.

8 Cardo borriquero
Esta planta espinosa adorna el campo con sus brillantes flores de color púrpura.

9 Bosques
Los escasos bosques de pino, roble y alcornoque son espacios protegidos.

10 Cabra girgentana
Esta raza de la zona de Agrigento tiene unos cuernos largos y retorcidos y se cría por su leche.

Cabras girgentanas y crías

🔟 Sicilia para niños

1 Teatro de títeres

Los teatros de títeres ofrecen sangrientas representaciones de cruzadas y animan a la audiencia a tomar partido por su cruzado favorito. Las marionetas hablan en italiano o dialecto siciliano, pero es fácil seguir el argumento *(ver pp. 68-69)*.

Museo di Geologia "G G Gemmellaro"

2 Museo di Geologia "G G Gemmellaro", Palermo

PLANO L6 ▪ Corso Tukori 131 ▪ 091 23864694 ▪ **Horario:** 9.00-13.00 y 15.00-17.00 lu-vi (hasta 13.00 sá)

El Museo Geológico de Palermo resulta fascinante por su colección de más de 600.000 objetos y especímenes. Se exhiben restos de elefantes del Pleistoceno; un cristal de cuarzo con una gota de agua del mar Mediterráneo de más de 5 millones de años; el esqueleto de una mujer, conocida como Thea, de finales de la Edad del Hierro.

3 Castillos

Los castillos sicilianos guardan una rica historia de intrigas y trampillas, así como de pasadizos secretos, calabozos, ventanucos y cavidades escondidas desde las cuales se arrojaba aceite hirviendo al enemigo *(ver pp. 48-49)*.

4 Museo del Sale, Paceco

Este museo se halla al sur de Trapani, en un molino de viento restaurado. Muestra cómo el agua de mar pasa de piscina a piscina y muele la sal. Aún se trabaja con las ollas de sal y el visitante puede ver el proceso de transformación de sal marina en sal de mesa *(ver p. 102)*.

5 Museo del Cinema, Catania

MAPA G4 ▪ Piazzale Rocco Chinnici, "Le Ciminiere" ▪ 095 4011928 ▪ **Horario:** 9.00-17.00 ma-do ▪ **Cerrado festivos** ▪ **Se cobra entrada**

Este museo de Catania para toda la familia celebra las artes cinematográficas y su historia. Las didácticas y divertidas exposiciones narran la historia de la duradera historia de amor entre el cine y Sicilia.

6 Etnaland, Belpasso

MAPA G4 ▪ 095 7913334 ▪ **Horario:** fin abr-med (los horarios varían, consultar la página web) ▪ **Se cobra entrada** ▪ www.etnaland.eu

El parque temático más importante de Sicilia alberga reproducciones de dinosaurios a tamaño real y todo tipo de atracciones acuáticas, incluidos los populares Rápidos del Cocodrilo. También hay atracciones para los más pequeños.

Agradables atracciones para niños en Etnaland

Mozia

La visita al yacimiento arqueológico de la isla de Mozia, cercana a Marsala, requiere un corto paseo en barco de 10 minutos por el lago y muestra a los niños cómo vivían los fenicios y los cartagineses *(ver p. 101).*

 Museo dell'Etna, Viagrande

MAPA G3 ▪ **Via Dietro Serra 6** ▪ **347 0415868** ▪ **Horario: 10.00-13.00 y 15.30-18.30 lu-vi, 15.30-18.30 sá y do** Este museo interactivo dedicado al Etna utiliza maquetas en tres dimensiones e imágenes de satélite para explicar el fenómeno volcánico de una manera divertida *(ver pp. 20-21).*

Estudio de volcanes, Museo dell'Etna

 Reservas naturales

Los espacios naturales de Sicilia son lugares ideales para observar la vida salvaje, caminar, merendar o darse un baño. El Etna *(ver pp. 20-21)* es el lugar más fascinante: el volcán siempre echa humo y a veces se pueden contemplar chispas.

 Museo Leonardo da Vinci e Archimedes, Siracusa

MAPA H5 ▪ **Via Vincenzo Mirabella 31, Ortigia** ▪ **Horario: 10.30-19.00 todos los días** ▪ **Se cobra entrada** En este museo los niños pueden aprender sobre mecánica y cinética gracias a las maquetas interactivas de máquinas inventadas por Leonardo Da Vinci.

TOP 10: PARQUES TEMÁTICOS PARA TODA LA FAMILIA

Parco Adventura Etna

1 Parco Avventura Etna, Milo Suba a las cabañas de los árboles y deslícese por las rampas de este parque de aventuras, o vaya a dar un paseo cerca del Etna.

2 Città del Mare, Terrasini Alberga el tobogán más alto de Europa y garantiza diversión y relax para toda la familia.

3 L'EcoCampus Casaboli Este parque próximo a Palermo ofrece cabañas en los árboles para los niños y escalas de cuerda. Disfrute de un pícnic en el campo.

4 Parco Avventura Madonie, Petralia Sottana Un lugar donde pasar el día aprendiendo de la naturaleza mientras entrena sus destrezas acrobáticas.

5 Agriturismo Bergi, Castelbuono Disfrute de una deliciosa comida en esta granja mientras los niños aprenden cómo es la vida cotidiana en una granja.

6 Giardino Inglese, Palermo En el corazón de la ciudad, un parque urbano para montar en cosas y con pista de patinaje.

7 Acquapark Sommatino En los largos días de verano, este parque acuático es ideal para huir del calor.

8 Bioparco di Sicilia, Carini Contemple réplicas de dinosaurios, animales y flora rara mientras aprende de los peligros de la extinción de especies.

9 Nebrodi Adventure Park, Longi Descienda por cuerdas y aprenda de observación de aves; después, pasee al aire fresco de Nebrodi.

10 Parcallario, Buccheri Pase un día de aventura en los montes Ibleos mientras aprende de fauna y flora locales.

🔟 **Teatro de títeres**

Teatro de títeres en Monreale

maneja el pesado muñeco con un palo metálico sujeto a la cabeza y mueve las extremidades con cuerdas. Las articulaciones son fijas y los paladines tienen las espadas en ristre. Se mueven en un estrecho escenario con un largo telón de fondo horizontal y en ocasiones participan en la acción actores.

① Orígenes

En la antigua Siracusa ya había titiriteros, pero la Opera dei Pupi tal como la conocemos se hizo popular en el siglo XIX. Los teatros de marionetas ofrecían ocio nocturno a miles de sicilianos. Palermo contaba con más de 25 teatros donde la audiencia vibraba con historias de aventura y romance. Los teatros de marionetas itinerantes atraían multitudes en los pueblos.

② Patrimonio Cultural Inmaterial de la Humanidad

Para proteger la tradición folclórica de Sicilia, la Opera dei Pupi se sumó a la lista de Patrimonio Cultural Inmaterial de la Humanidad en 2008. Suelen ser negocios familiares que presentan a los *burattini* (títeres) con métodos transmitidos de unas generaciones a otras.

③ Historias

Las producciones tratan vidas de santos, motivos de Shakespeare, relatos de bandidos y farsas locales. Los temas tradicionales derivan de los poemas épicos carolingios, recogidos por Ludovico Ariosto en su *Orlando furioso* (1516). El emperador Carlomagno y sus paladines lucharon con sus espadas por la cristiandad contra sarracenos y turcos.

④ La escuela de Catania

Las marionetas típicas de Catania miden 1,5 metros. El titiritero

⑤ La escuela de Palermo

Las marionetas palermitanas miden alrededor de un metro. Se manipulan por completo con cuerdas, las articulaciones son móviles y pueden elevar la cara y mover la espada a voluntad. Su mayor ligereza facilita su manejo y las luchas a espada son mucho más vivas. El escenario típico palermitano es muy profundo y decorado.

⑥ Festival di Morgana, Palermo

Este festival internacional de títeres celebrado en noviembre promueve tanto los títeres tradicionales como los modernos y reúne a artistas y compañías de teatro de todo el mundo.

Una escena en el Festival de Morgana

7 Los «malos»

Los sarracenos y los turcos llevan pantalones bombachos, escudos decorados con lunas y bigotes caídos. Gano di Magonza, cuñado y archienemigo de Carlomagno, siempre intenta derrocar al rey. El hechicero Malagigi a veces ayuda a los paladines y otras los perjudica.

8 Los «buenos»

Carlomagno y sus paladines visten armaduras y faldones. Orlando lleva un escudo con una cruz. Su primo Rinaldo se identifica por el león de su escudo, como su hermana guerrera Bradamante. Angélica, objeto de deseo de Orlando y Rinaldo, suele aparecer junto a ellos.

Marionetas en su estuche

9 Assedio a Parigi

En esta tradicional historia, Carlomagno, bajo el asedio de los turcos, manda a Rinaldo a preparar al ejército francés y a otro soldado a pedir ayuda al Papa. Rinaldo derrota a un grupo de sarracenos. Malagigi insta a Rinaldo y Orlando a poner fin a sus diferencias y enfrentarse a los sarracenos en París.

10 Derrota de Roncesvalles y muerte de Orlando

En una famosa historia, Carlomagno es engañado por su cuñado Gano y los paladines se ven rodeados por un sinfín de guerreros. Tras una noble lucha, Orlando muere.

TOP 10: LUGARES Y GENTES DE TÍTERES

Marionetas hechas a mano

1 Museo Internazionale delle Marionette Antonio Pasqualino, Palermo
Este museo alberga excelentes títeres, escenarios y decorados *(ver p. 94)*.

2 Museo Civico dell'Opera dei Pupi, Sortino
La colección de la familia Puglisi, *pupari* (marionetistas) desde hace cinco generaciones.

3 Opera dei Pupi di Enzo Mancuso, Palermo
Fundado en 1928 por Enzo Mancuso, está regentado ahora por su nieto *(ver p. 71)*.

4 Opera dei Pupi, Siracusa
La compañía Vaccaro-Mauceri lleva generaciones representando aquí espectáculos de títeres *(ver p. 71)*.

5 Teatro dell'Opera dei Pupi Mimmo Cuticchio, Palermo
El legado de Giacomo Cuticchio pervive a través de la obra de Mimmo Cuticchio.

6 Marionettistica Fratelli Napoli, Catania
Gaetano Napoli fundó el teatro de marionetas de Catania en 1921.

7 Mimmo Cuticchio y Virgilio Sieni
Una puesta en escena que aúna danza contemporánea y marionetas.

8 Teatro dei Pupi Siciliani-Famiglia Argento, Palmero
La familia Argento lleva representando títeres en la catedral de Palermo desde 1893.

9 Salamanca Pupi Siciliani, Catania
Francesco Salamanca es un restaurador y coleccionista de títeres sicilianos.

10 Anna Cuticchio: primera marionetista femenina, Palermo
La hija de Mimmo Cuticchio, Anna, fue propietaria de un teatro y manipulaba más de 60 marionetas.

🔟 Artes escénicas

① Teatro Antico di Taormina

En la acrópolis del antiguo Taormenium y famoso por sus vistas, este teatro grecorromano es un magnífico espacio al aire libre *(ver p. 18)*. Su programa empieza con el Festival de Cine de Taormina a principios de verano y también acoge conciertos de artistas internacionales.

El anfiteatro de Taormina

② Santa Maria dello Spasimo, Palermo

La nave abierta de la antigua iglesia de Santa Maria dello Spasimo *(ver p. 96)*, conocida como Lo Spasimo, es escenario para muchos espectáculos. Se puede escuchar música desde la terraza al aire libre o ver arte en la sala de exposiciones cubierta.

③ Yacimiento arqueológico, Selinunte

Durante el mes de agosto tienen lugar representaciones de dramas griegos y espectáculos de música y danza clásica y moderna entre las ruinas del yacimiento arqueológico de Selinunte. Las actuaciones empiezan a las 21.00 *(ver pp. 36-37)*.

④ Teatro Massimo Bellini, Catania

MAPA G4 ▪ **Via Perrotta 12**

El gran teatro de la ópera de Catania, que lleva el nombre del compositor local Vincenzo Bellini *(ver p. 56)*, abrió sus puertas en 1890. La temporada de ópera, ballet y conciertos se extiende de octubre a junio.

⑤ Teatro Massimo, Palermo

Los arquitectos neoclásicos Giovanni Battista Basile y su hijo Ernesto construyeron el Teatro Massimo en la década de 1880 como símbolo de la Sicilia unificada. Pese a su grandeza y su excelente acústica, cayó en decadencia. Tras una amplia renovación, abrió sus puertas en 1997 para volver a ser el principal escenario de Palermo para música clásica, ballet y ópera *(ver p. 96)*.

6 Opera dei Pupi, Siracusa
MAPA H5 ■ **Via della Giudecca
22** ■ **www.teatrodeipupisiracusa.it**
Los titiriteros Mauceri y Vaccaro diri-
gen representaciones tradicionales
de marionetas al estilo de Catania
(ver p. 68), así como obras sobre las
vidas de los santos. Los visitantes
también pueden contemplar cómo
se fabrican y restauran las marionetas en el taller familiar.

7 Teatro Ditirammu, Palermo
PLANO P4 ■ **Via Torremuzza 6**
■ **www.teatroditirammu.it**
Este teatro de 52 asientos en el
histórico distrito de Kalsa de Palermo organiza conciertos de música
folclórica siciliana. También se
organizan espectáculos de *tarantella*
o cuentacuentos acompañados
de música por toda la ciudad; al
aire libre en Piazza Kalsa, por
ejemplo.

8 Opera dei Pupi di Enzo Mancuso, Palermo
PLANO L1 ■ **Via Collegio
di Maria 17** ■ **091 8146971**
■ **www.mancusopupi.it**
La familia Mancuso lleva trabajando
con los títeres sicilianos desde 1928.
El joven Enzo se ha propuesto darle
un aire nuevo a este arte. Él mismo
confecciona marionetas por encargo,
pero su colección también incluye
títeres antiguos que han pasado de
mano en mano.

Un relato tradicional de marionetas

Escenario del teatro griego, Siracusa

9 Teatro griego, Siracusa
Todos los años se representan
obras clásicas en el antiguo teatro
griego de Siracusa, estrenadas aquí
hace miles de años. Hay programas
diarios desde mediados de mayo hasta
finales de junio. El teatro más grande
de la antigua Sicilia se conserva casi
intacto y se amolda a los decorados
y asientos modernos *(ver p. 25)*.

10 Teatro Luigi Pirandello, Agrigento
MAPA D4 ■ **Piazza Luigi Pirandello 35**
■ **www.fondazioneteatropirandello.it**
El adornado teatro cívico de Agrigento
se inauguró en 1880. El teatro tomó
el nombre del autor local Luigi Pirandello en el décimo aniversario de su
muerte, en 1946 *(ver p. 57)*. La temporada se extiende de noviembre a
mayo e incluye teatro moderno, danza
y, por supuesto, obras de Pirandello.

🔟 **Vida nocturna**

Un local de jazz de Palermo

① **Discotecas**
Muchas discotecas abren solo en verano. Numerosos forasteros y residentes llenan los locales con pistas de baile al aire libre y varias barras.

② **La *piazza***
En los pueblos, sobre todo en verano, cuando la gente pasa las largas y calurosas tardes en casa, las familias y los grupos de amigos suelen reunirse en la *piazza* (plaza) al llegar la noche para charlar y disfrutar de un *gelato* (helado). En muchas localidades turísticas, la *piazza* suele estar llena de bares de copas con música en directo, como el Molo 19 y el Bar al Duomo en Cefalù.

③ **La *passeggiata***
Se suele salir de paseo por la tarde y por la noche. El visitante se puede unir en verano a los vecinos en los paseos de Selinunte, San Vito Lo Capo, Mondello, Marina di Ragusa, Palermo (Via Ruggero Settimo) y Catania (Via Etnea).

④ **Associazione Culturale Palab, Palermo**
Este animado centro cultural acoge música en directo, comedia, teatro, danza, cine o fotografía. Además hay bar de cócteles, pizzería y restaurante *(ver p. 96)*.

⑤ **Via Landolina, Catania**
MAPA G4

En esta calle, cercana a la Piazza Bellini, abren varios bares y locales. La Chiave (nº 70) organiza *happy hours* de comida y bebida durante toda la semana, seguidas de actuaciones musicales en directo.

⑥ **I Candelai, Palermo**
MAPA D2 ▪ Via dei Candelai 65

Este local de Palermo se ha hecho cada vez más popular desde 1996 por sus actuaciones en directo, eventos artísticos y clases de tango. Es uno de los favoritos entre los estudiantes de la universidad cercana.

Cafés en la calle, cerca de la Piazza Olivella, Palermo

⑦ Agorà, Catania
MAPA G4 ▪ **Piazza Currò 1**

Este animado bar y restaurante obtiene su ambiente único del arroyo que pasa por su cueva. El lugar ha estado en uso al menos desde la época de la Antigua Roma, y ahora descansa bajo el albergue juvenil de Catania, en el centro de la ciudad, junto al mercado de pescado.

El animado restaurante Cantavespri

⑧ Cantavespri, Palermo
PLANO M5 ▪ **Vicolo Valguarnera 8** ▪ **www.cantavespri.it**

Ubicado en un palacio del siglo XVI, Cantavespri es local nocturno, bar y restaurante a la vez. Sus camareros son expertos mixólogos y casi cada noche hay música en vivo.

⑨ Zo, Catania
MAPA G4 ▪ **Piazzale Rocco Chinnici**
6 ▪ **095 816912** ▪ **www.zoculture.it**

Este centro artístico y cultural está en la misma zona de refinerías de azufre que Le Ciminiere *(ver p. 51)*. Suele organizar actuaciones de música, baile y teatro y exposiciones temporales. Hay también un café y un restaurante.

⑩ San Leone, Agrigento
MAPA D4

En este distrito costero hay gran variedad de bares y discotecas. Se puede bailar hasta el amanecer en MYC *(1 Lungomare Falcone)* mientras se disfruta de las impresionantes vistas del puerto deportivo.

TOP 10: LOCALES NOCTURNOS LGTBIQ+

1 Exit 10&LOVE
PLANO J3 ▪ **Piazza S. Francesco di Paola 38-41, Palermo**
Este animado local es conocido por sus sesiones de DJ y sus espectáculos *drag*.

2 Buio
MAPA G4 ▪ **Via Barone della Bicocca 2, Catania**
Los cócteles de Buio son excelentes.

3 I Candelai
MAPA D2 ▪ **Via dei Candelai 65, Palermo**
Aquí se celebran mensualmente fiestas disco arco iris y noches *queer*.

4 Le Capannine
MAPA G4 ▪ **Viale Kennedy 93, Catania**
Esta discoteca costera organiza cada viernes populares noches de ambiente gay.

5 First Lounge Bar
MAPA G4 ▪ **Via Martinez 13, Catania**
Esta cervecería inclusiva está adornada con arte callejero.

6 Laguna Blu Caterina Pub
PLANO M3 ▪ **Via Squarcialupo, Palermo**
Un bar relajado y amigable con el colectivo lésbico, con una gran selección de bebidas.

7 Morgana Lounge
MAPA H3 ▪ **Scesa Morgana 4, Taormina**
Elegante bar con un hermoso jardín.

8 South Factory Club
MAPA G4 ▪ **Via Fischetti 10, Catania**
Conocido como "SFC", este local es en parte sauna y en parte lugar de reunión.

9 Cha
PLANO M3 ▪ **Via Giuseppe Velasquez 28/30, Palermo**
Una casa de té con variadas mezclas de hojas.

10 Codice-Rosso
MAPA G4 ▪ **Via Conte Ruggero 48, Catania**
Este lugar solo para hombres adultos fue el primer bar de *cruising* de Sicilia.

Exit 10&LOVE en Palermo

TOP 10 Vino y viticultores

1 Monreale
MAPA C2
Monreale lleva haciendo vinos magníficos desde hace siglos a base de uvas sicilianas, como *perricone, inzolia* o *catarratto,* además de *chardonnay.* Pruebe el Calatrasi Principe di Camporeale o el Sellier de la Tour.

Producción de vino Marsala

2 Marsala
Este vino se produce en Marsala desde el siglo XVIII *(ver p. 101).* Con DOC desde 1986, se vende con distintas edades: *fine* (joven), *superiore* (al menos dos años), *riserva* o *vergine* (al menos cuatro años) y *solera* (al menos 10 años). Elaborado con uvas *grillo, catarratto* e *inzolia,* su color ámbar se acompaña de un rico perfume de flores cítricas y almendras.

3 Nero d'Avola
Este es el clásico vino tinto siciliano, hecho con al menos un 80 % de uvas del mismo nombre y el resto de *perricone,* y se caracteriza por un intenso color rubí y un gusto a hierbas aromáticas. Se produce en la mitad oriental de la isla, aunque los dos mayores productores se localizan entre Palermo y Cefalù: Regaleali y Duca di Salaparuta.

4 Productores artesanos
Muchos productores artesanos hacen excelentes vinos, como COS, Fondo Antico, Occhipinti, Graci, Frank Cornelissen, Palari, Girolamo Russo, Lamoresca y Terra delle Sirene.

5 Malvasia y Passito
Los productores de Salina dejan secar las uvas *malvasia delle Lipari* en esteras para concentrar los sabores de este dulce y denso vino de sobremesa. Las uvas *zibibbo* de Pantelleria se tratan de manera similar para que los sabores se condensen, lo cual da al Passito su intenso gusto de frutos secos y vainilla.

6 Bianco d'Alcamo
Un 80 % de *catarratto* con el resto de *damaschino, grecanico* y *trebbiano* componen este blanco seco y afrutado. Su abundante producción (la mayoría de las uvas se cultiva en la zona de Trapani) hace de él un clásico. El área desde San Vito Lo Capo a Castellammare y las comarcas de Alcamo y Calatafimi forman su DOC.

Un camino entre los viñedos de Alcamo

7 Regaleali
MAPA E3

Esta finca pertenece a la familia Tasca d'Almerita desde 1830. Es famosa por sus vinos sicilianos tradicionales y sus tintos, basados en la *uva nero d'Avola*, incluyen las marcas Regaleali Rosso y Rosso del Conte; en los blancos predomina la *inzolia* y su variedad *tasca*, cuyas marcas son Villa Tasca y Nozze d'Oro.

Nero d'Avola, de Regaleali

8 Erice

Vino de uva del valle de Erice y de sus variedades blancas, tintas y dulces *(passito)*. Una de las mejores es la *syrah* de la bodega Casa Vinicola Fazio.

Viñedos próximos a la base del Etna

9 Etna Bianco y Etna Rosso

La primera DOC se concedió en 1968 a la zona sureste del Etna, donde crecen las variedades blancas *catarratto* y *carricante*. Las uvas rojas, sobre todo la *nerello mascalese*, se cultivan en la base del volcán.

10 Cerasuolo di Vittoria

Este vino de color cereza, seco y afrutado se hace con una mezcla de *frappato*, *calabrese* y *nerello* cerca de Vittoria, en Ragusa. Reputados productores están adquiriendo viñedos aquí para producir sus propias versiones de Cerasuolo.

TOP 10: VARIEDADES DE UVA

Un racimo de uvas *zibibbo*

1 *Zibibbo*
La uva de Pantelleria, utilizada tradicionalmente para el vino dulce Passito, se usa ahora para el vino blanco seco.

2 *Nero d'Avola*
La variedad más productiva de las uvas sicilianas se cultiva en la mitad oriental de la isla.

3 *Frappato*
Cultivada en la provincia de Ragusa, es la variedad principal del Cerasuolo di Vittoria.

4 *Grillo*
Uva autóctona del oeste siciliano, es la base del Marsala y otros blancos.

5 *Inzolia*
También llamada *ansonica,* esta uva blanca del oeste se usa en el Marsala y otros vinos.

6 *Nerello mascalese*
Uva roja que crece en las laderas del Etna. Se mezcla con el *nerello cappuccio* para elaborar el profundo y picante Etna Rosso.

7 *Malvasia di Lipari*
Responsable de los fragantes vinos de Salina, ricos en aromas de almendras y frutas dulces.

8 *Catarratto*
Esta uva blanca crece desde Marsala hasta Alcamo, Salina o el Etna. Su carácter cambia según el microclima.

9 *Grecanico*
Uva blanca autóctona del oeste de Sicilia y el componente principal del Bianco d'Alcamo.

10 *Pollico*
La variedad conocida más antigua de la isla. Estas uvas blancas se usan para hacer Moscato.

TOP10 Gastronomía siciliana

Sardinas rellenas de picatostes y uvas

① Pescado y marisco

La mayoría de los restaurantes ofrece una buena selección de pescado y marisco. Destacan la *sogliola* (lenguado), *triglia* (salmonete), *pesce spada* (pez espada), *tonno* (atún), *mazzancolla* (langostino dulce), *aragosta* (langosta), *sarde* (sardinas), *polpo* (pulpo), *calamaro* (calamar) y *gambero rosso* (gamba).

② Caponata

En su origen era un plato de pescado, pero se adaptó a la *cucina povera* (cocina de pobres) como guiso a fuego lento de berenjena, tomate, apio, alcaparras, aceitunas, uvas pasas y piñones, aderezado con vinagre y azúcar y cubierto de almendras tostadas.

③ Pasta

La pasta siciliana, hecha con el trigo cultivado en la isla, tiene mucho sabor. La variedad de platos de pasta es increíble. Típica de Palermo es la pasta con *le sarde* (con sardinas, hinojo, piñones, uvas pasas y anchoas).

④ Pan con bazo

Despierta mucha curiosidad hincar el diente a este alimento callejero. Puede ser sencillo (*schettu*, soltero) o estar recubierto de queso gratinado (*mariatu*, casado). Las versiones más atrevidas vienen con trozos de tráquea crujientes.

⑤ Gelato

Lo que hace tan especial al helado siciliano es su base, una crema de origen hispanoárabe hecha con leche de vaca o de almendras y almidón. El resultado es un postre rico, suave y ligero (*ver p. 110*).

Helado de limón

⑥ Cassata y cannoli

Estos clásicos postres sicilianos se hacen con queso *ricotta* ligeramente endulzado. La *cassata* combina el queso cremoso con una base de bizcocho cubierta de mazapán y decorada con fruta escarchada. Los *cannoli* son rollitos de masa pastelera rellenos de *ricotta,* fruta confitada y trocitos de chocolate.

⑦ Carne

En Sicilia se cría un cordero y cerdo de excelente calidad. Los embutidos suelen llevar *semi di finocchio* (semillas de hinojo) y otras especias.

La tradicional *caponata* siciliana

8 Panelle
Otro aperitivo que se vende en puestos callejeros. Son pequeñas porciones fritas de una masa hecha con harina de garbanzos y un poco de perejil, rociadas con sal y zumo de limón. Se suelen servir como relleno de un bocadillo.

9 Arancini
Un placentero tentempié, disponible en bares y puestos callejeros. Son bolas de arroz rellenas de un sustancioso ragú de verduras o de jamón y queso.

Los sabrosos *arancini* dorados

10 Pan
El pan en Sicilia está hecho con grano duro (harina de sémola), y una vez cocido queda espeso y dorado. Las formas también son exclusivas: la *mollica* son migas tostadas y especiadas que sustituyen al queso rallado en la pasta; el *sfincione*, similar a una pizza gruesa y crujiente, se toma como aperitivo; la *focaccia* es una fina empanada de verduras, salchichón, queso *ricotta* o tomate.

Pan con muy diversas formas

TOP 10: PRODUCTOS LOCALES

Naranja sanguina siciliana

1 Cítricos
En Sicilia hay excelentes limones (con una variedad autóctona más pequeña y dulce) y naranjas (múltiples variedades de color muy rojo).

2 Queso
En Sicilia se hace queso con leche de vaca y oveja. Algunas variedades son: *primo sale, pecorino, tuma, caciocavallo* y *ragusano.*

3 Ricotta
Este queso blando y suave se usa en platos dulces y salados. La *ricotta* puede ser fresca, cocida o salada y curada (*ricotta salata*).

4 Alcaparras
Desde los pequeños brotes hasta las grandes *cucunci,* las mejores son las de Salina y Pantelleria.

5 Vegetales
Hay una increíble variedad. Destaca la larga y delgada *cucuzza* (calabaza) y el ajo rojo picante.

6 Sal
La sabrosa sal se recoge del mar, cerca de Trapani, desde tiempos de los fenicios.

7 Trigo
Es el secreto del sabroso pan y la pasta de Sicilia. El campo está lleno de trigales.

8 Almendras y pistachos
El este de Sicilia es famoso por la producción de estos frutos secos de alta calidad.

9 Atún
Se encuentra en varias elaboraciones, fresco y en aceite, y en distintos cortes.

10 Aceitunas y aceite
Millones de olivos producen excelentes aceitunas de mesa y un aromático aceite.

TOP10 Restaurantes

1 Majore, Chiaramonte Gulfi

Merece la pena acercarse a Majore, en la cima de una colina y con unas magníficas vistas de Ragusa. Emplazado en la parte trasera de una carnicería, lleva sirviendo las mejores recetas de cerdo desde 1896, con gran variedad de *antipasti* de salami *(ver p. 131)*.

El sencillo interior de Majore

2 Pocho, San Vito lo Capo

La terraza de Pocho ofrece bonitas vistas de Monte Cofano y la bahía. La propietaria, Marilú Terrasi, es famosa por su cuscús y la extensa carta de vinos contiene etiquetas sicilianas selectas *(ver p. 105)*.

3 Piccolo Napoli, Palermo

Hay quien dice que es el mejor restaurante de pescado de la ciudad, que solo sirve las capturas más frescas y las acompaña de ingredientes locales. Empiece con una enjundiosa porción de *linguine alle vongole* seguida de un *sarde a beccafico,* todo regado con vino blanco local *(ver p. 97)*.

4 Ristorante Fidone Maria, Frigintini

Maria Fidone y su familia preparan comidas de Ragusa en la cocina de su sencilla *trattoria*. Todo se hace en casa, incluyendo la pasta, el pan, el aceite de oliva y el licor. De primero conviene probar la espesa sopa de habas *(lolli)* o la pasta casera; de segundo, sin duda, el pollo relleno acompañado de berenjenas rellenas *(ver p. 131)*.

5 La Cialoma, Marzamemi

Rodeado del magnífico ambiente de la *piazza* de Marzamemi, ocupa una antigua lonja de atún de la familia Villadorata. Su nombre hace referencia al término siciliano que designa las canciones que entonaban los pescadores mientras trabajaban. La Cialoma ofrece una pequeña carta y una larga lista de vinos. La comida es sencilla y está preparada con ingredientes frescos. Pruebe las sardinas marinadas o, en temporada, el delicioso guiso de atún con laurel *(ver p. 131)*.

La Cialoma, en la *piazza*

⑥ Osteria Nero d'Avola, Taormina

De su cocina salen recetas creativas hechas con pescado local. Turi, el cocinero, es conocido por su utilización de ingredientes locales y de temporada sin muchas florituras. El restaurante también destaca por sus precios razonables, algo poco común en Taormina *(ver p. 115)*.

⑦ Cantina Siciliana, Trapani

El cocinero Pino Maggiore prepara el clásico *kus kus al pesce* (cuscús de pescado) en este restaurante contemporáneo en el antiguo barrio judío. También ofrece platos de pasta (incluido el sublime *pesto alla Trapanese,* con ajo, almendras, tomates y albahaca), y postres. Pruebe el *cassateddi* relleno de *ricotta* y los mejores vinos sicilianos *(ver p. 105)*.

⑧ La Madia, Licata

Las recetas de Pino Cuttaia sorprenden. El menú degustación de siete platos es una experiencia que bien merece sus dos estrellas Michelin. Una de las más características es el "huevo" de sepia y cuscús *(ver p. 123)*.

Decoración minimalista en Accursio

⑨ Accursio, Modica

Este restaurante con una estrella Michelin ocupa un antiguo *palazzo* en el corazón de Modica. El cocinero utiliza los mejores ingredientes locales y el mejor pescado, y le da un toque moderno a platos clásicos. El *arancino,* por ejemplo, se sirve en una bandeja relleno de *ricotta* y gambas *(ver p. 131)*.

⑩ Ristorante Duomo, Ragusa Ibla

El chef Ciccio Sultano selecciona cada ingrediente para preparar platos fieles a la tradición, pero con un toque personal. En sus tres comedores todos los platos son excelentes. Los dos menús de degustación permiten probar un poco de todo *(ver p. 131)*.

Cordero en el Ristorante Duomo

Precios ver p. 97

TOP 10 Pastelerías y heladerías

① Verona & Bonvegna, Catania

MAPA G4 ▪ Via Asiago 60

Sin duda la mejor *pasticceria* y *gelateria* de Catania y una de las mejores de Sicilia. Se puede ver cómo trabajan los dotados pasteleros y crean exquisitas obras maestras como pequeños donuts rellenos de *ricotta* y sus famosos *cannoli*. Solo comida para llevar y habitualmente hay colas.

② Monasterio cisterciense, Agrigento

Las monjas del monasterio del Santo Spirito todavía venden sus pasteles desde detrás de la reja. Parecen como los de cualquier pastelería, pero basta probarlos para saber que son especiales. El cuscús dulce, la especialidad, debe encargarse *(ver p. 33)*.

③ Pasticceria Russo, Santa Venerina, cerca de Catania

MAPA G4 ▪ Via Vittorio Emanuele 105

Desde 1880, la familia Russo viene produciendo pasteles típicos de Catania con ingredientes locales, como pistachos, almendras, naranjas y miel.

Elegante interior de Pasticceria Russo

Pasteles de Pasticceria Cappello

④ Pasticceria Cappello, Palermo

PLANO J6 ▪ Via Colonna Rotta 68; **PLANO J2** ▪ Via Nicolo Garzilli 19

Las dos sucursales de esta pastelería venden dulces que están entre los mejores de Palermo. La tarta *setteveli*, con siete capas diferentes de chocolate, es una experiencia fantástica.

⑤ Pasticceria Artigianale Grammatico Maria, Erice

Maria Grammatico pasó muchos años en el orfanato del monasterio de clausura de San Carlo, en Erice, aprendiendo las recetas centenarias de sus *dolci*, cuya venta garantizaba la subsistencia del monasterio *(ver p. 104)*. Los dulces son lo contrario de la vida monástica: lujosos y llenos de color. Pruebe los *sospiri* (suspiros), *cuori* (corazones) y *cuscinetti* (almohadillas).

⑥ Caffè Sicilia, Noto

MAPA G5 ▪ Corso Vittorio Emanuele 125

Durante más de un siglo, la familia Assenza se ha mantenido trabajando y en la cocina-laboratorio del Caffè Sicilia. Consiguen los ingredientes de la mejor calidad de la región para preservar la tradición pastelera siciliana. Crean pasteles a partir de las recetas del monasterio de Santa Chiara, o con recetas de inspiración propia: bombones rellenos de algarroba, castaña o albahaca dulce; *giuggolena* (barrita energética de semillas de sésamo, miel y naranja) o miel de hierbas.

7 Gelateria Stancampiano, Palermo

MAPA D2 ■ Via Giovanni Campolo 94

Merece la pena acercarse a esta heladería familiar que elabora los helados más cremosos de toda Sicilia. El personal ofrece una extensa variedad de sabores tradicionales y estacionales, servidos en cucuruchos, copas y brioches.

8 Antica Dolceria Bonajuto, Modica

MAPA G6 ■ Corso Umberto I 159

Los *nucatoli* rellenos de higo y el *torrone* (turrón) de miel y limón ocupan el escaparate. El chocolate aún se elabora según el método azteca: masa de cacao con azúcar y especias.

Dulces en Antica Doceria Bonajuto

9 Dolceria Donna Elvira, Modica

MAPA G6 ■ Via Risorgimento 32

Elvira Roccasalva reproduce a mano los dulces que hacían las monjas de clausura de Modica. Utiliza ingredientes locales de la mejor calidad para crear sus propias recetas, como el *carato,* elaborado con harina de algarroba, uvas pasas y almendras.

10 Pasticceria Arturo, Randazzo

MAPA G3 ■ Via Umberto 73

Esta pastelería se especializa en dulces elaborados con los pistachos locales y almendras y avellanas sicilianas. Pruebe sus pastas de pistacho y su granita tanto en el interior de mármol, como en el exterior.

TOP 10: POSTRES SICILIANOS

Cassata con flores de primavera

1 Cassata
Capas de bizcocho y crema de *ricotta* cubiertas de mazapán y fruta escarchada *(ver p. 76)*.

2 Gelato
Hay que probar sus variedades: *zabaglione, semifreddo* o el sólido *pezzo duro.*

3 Gelo di Melone
La deliciosa mermelada de melón tiene un toque de esencia de jazmín y está coronada por escamas de chocolate.

4 Cannoli
Rollitos de masa pastelera de diferentes sabores rellenos de *ricotta* y sofritos *(ver p. 76).*

5 Frutta di Martorana
Mazapán decorado y modelado en forma de fruta u otros alimentos.

6 Biscotti della Regina
Galletas duras bañadas en semillas de sésamo.

7 Cassateddi
Empanadillas fritas rellenas de *ricotta* con sabor a chocolate, limón o canela. Se toman en el desayuno.

8 Coseduce o Cuccidati
Tradicionales galletas de higo que se encuentran bajo distintos nombres en toda la isla. Las más elaboradas se hacen el día de San José *(ver p. 86)* con el nombre de *squartucciati.*

9 'Mpanatigghi
Estas empanadas de Modica importadas por los condes españoles están rellenas de chocolate, especias y carne de ternera.

10 Granita
Hielo granizado con sabor a jazmín, naranja, fresa silvestre o almendra.

Granita de naranja

📷10 Tiendas especializadas

Principal zona comercial de Catania, en torno a la Via Etnea

① Palermo y Catania

En la Via de la Libertà de Palermo *(ver p. 95)* y la Via Etnea de Catania *(ver p. 114)* hay tiendas clásicas donde se puede encontrar ropa, zapatos, bolsos y ropa de hogar. Ambos bulevares ofrecen una combinación de tiendas, *boutiques* y cafés elegantes donde tomar algo tras una jornada de compras.

② Le Colonne, Taormina

Situada en el Corso, esta joyería vende elegantes artículos. La propietaria diseña cada pieza inspirándose en motivos antiguos e históricos. Los gruesos collares de oro con preciosas gemas y los aros con piedras antiguas incrustadas son únicos *(ver p. 114)*.

③ Ceramiche d'Arte F.lli Soldano, Sciacca

MAPA C4 ▪ Piazza Saverio Friscia 15

Además de vender los tradicionales platos de cerámica de Sciacca, la familia Soldano produce cerámica tradicional y diseños modernos en vajillas y azulejos.

Una joya de Le Colonne

④ Ceramiche De Simone, Palermo

Esta tienda ofrece cerámica decorada con dibujos de alegres campesinos y pescadores en sus tareas cotidianas *(ver p. 95)*.

⑤ Silva Ceramica, Caltagirone

MAPA F4 ▪ Piazza Umberto I, 19

En un patio de la plaza del pueblo, Silva Ceramica produce imitaciones de diseños antiguos.

⑥ Altieri 1882, Erice

Altieri trabaja cerámica de estilo tradicional y con diseños innovadores propios. También cuenta con artículos de oro, plata y coral en la tradición de las artes decorativas de Trapani *(ver p. 104)*.

⑦ Farruggio Design, Catania

MAPA G4 ▪ Via Ughetti 3

La artesanía de joyas ha pasado de padres a hijos en Farruggio. Se los considera uno de los mejores joyeros de Italia.

Siculamente, Ragusa

MAPA F5 ▪ **Piazza Duomo 11**

Dirigida por tres jóvenes empresarios sicilianos, aquí se pueden adquirir camisetas y gorras con interesantes diseños llenos de simbolismo antimafia y mensajes en un dialecto siciliano, entre ellos *Futtatinni*, que significa «No te preocupes», o una romántica descripción de Sicilia: *Unni l'aceddi ci vannu a cantari e li sireni ci fannu l'amuri* («Donde van los pájaros a cantar y las sirenas a hacer el amor»).

⑨ **Enoteca Picone, Palermo**

La expresión bar de vinos no le hace justicia a la Enoteca Picone. Fundada en la década de 1940, comenzó siendo un cuchitril que vendía vino directamente de la barrica, pero ahora es un local imprescindible por sus más de 500 caldos sicilianos, italianos e internacionales. Es un popular lugar de reunión antes de salir a cenar para degustar un vino acompañado de sus carnes y quesos locales (ver p. 95).

Artículos "sin mafia" en Punto Fizzo Free

⑩ **Punto Pizzo Free, L'Emporio, Palermo**

Un emporio en el corazón de la ciudad en el que se venden productos tradicionales, libros y artesanías de las tiendas de los alrededores de Palermo cuyos propietarios se niegan a pagar el *pizzo* (el impuesto que exige la mafia a cambio de protección). La unión hace la fuerza, pero estas personas siguen en el punto de mira. Comprando una camiseta se puede ayudar a la causa (ver p. 95).

TOP 10: MERCADOS LOCALES

El mercado de La Vucciria

1 La Vucciria, Palermo
PLANO M4
Uno de los mercados más antiguos de la capital. Los vendedores son un verdadero espectáculo.

2 Trapani
MAPA B2
Cada mañana, los pescadores ofrecen sus capturas en el puerto, voceando y mostrando el género a los transeúntes.

3 Selinunte
MAPA B4
Animada subasta de pescado a las 7.00.

4 Ballarò, Palermo
PLANO L6
El mercado más interesante de Palermo vende pescado, productos del campo y para la casa.

5 Del Capo, Palermo
PLANO J4
Situado en el barrio de Mandamento del siglo XIX, este mercado está lleno de granjeros, vecinos y carniceros.

6 Siracusa, Ortigia
MAPA H5
Mejillones, cerezas, almendras, limones y cualquier producto de temporada.

7 Sciacca
MAPA C4
De lunes a viernes, por la tarde, los pescadores venden sus capturas en el muelle.

8 Donnalucata
MAPA F6
Cada mañana, bajo los toldos del muelle, los pescadores venden su género.

9 Catania
MAPA G4
Este mercado es famoso por la variedad de pescado y los bulliciosos vendedores.

10 Productos artesanos
Por toda la isla, los granjeros venden sus productos al borde de las carreteras.

ᴛᴏᴘ10 Sicilia gratis

① Ruinas romanas, Palermo
PLANO K6 ■ En Villa Bonanno,
Piazza della Vittoria

Este yacimiento, no tan extenso y
rico como el de la villa de Piazza
Armerina *(ver p. 30)*, ofrece en todo
caso una muestra de la vida cotidiana romana a finales del siglo II, con
sus vívidos suelos de mosaico, sus
estatuas, sus baños y sus urinarios.

**② Iglesia bizantina en un
baño romano, Catania**
MAPA G4 ■ Via della Rotonda ■ 095
7150508 ■ Horario: 9.00-13.00 mi y do;
llame para reservar los demás días

Un complejo monumental de la época
de los romanos que contiene los restos de unos baños que, a los pocos
siglos, se convirtieron en iglesia bizantina, que conserva bellos frescos.

③ Odeón romano, Taormina
MAPA H3 ■ Via Don Bosco
(frente al Palazzo Corvaja)

No tan famoso como el Teatro Antico,
el Odeón romano es en todo caso un
magnífico lugar para visitar. Descu-
bierto por casualidad en 1893, data
de la época de Octavio y fue construido sobre las ruinas de un templo.

**④ Acantilados blancos
de Sicilia**

En la costa meridional, las incle-
mencias han dado a los acantilados
calizos forma de escalones conoci-
dos como La Scala dei Turchi.

El majestuoso Villino Florio

⑤ Villino Florio, Palermo
PLANO J3 ■ 38 Viale Regina
Margherita ■ 091 7025471 ■ Horario:
9.30-13.00 ma-sá y primer do cada mes

Esta casa de estilo *belle epoque*
quedó destruida por un incendio.
Ha sida restaurada para devolverle
su esplendor.

⑥ Caravaggio en Siracusa
PLANO H5 ■ Santa Lucia alla
Badia (cerca de la Piazza Duomo)
■ Horario: 11.00-16.00 ma-do

Esta iglesia barroca alberga una de
las mejores obras de Caravaggio,
El entierro de Santa Lucía (1608).

Acantilados de La Scala dei Turchi

⑦ Museo della Manna, Pollina

MAPA E2 ■ **Piazza Duomo** ■ **Horario:** 10.00-13.00 y 15.30-19.30 todos los días

Este museo se encuentra en el corazón de las montañas Madonie, donde se cosecha manna (un edulcorante natural) de los fresnos. Rinde homenaje a esta tradición centenaria y da una idea de cómo son las tradiciones agrícolas y ganaderas locales.

⑧ Museos y lugares de interés regional

Primer domingo de cada mes

El Teatro Griego de Siracusa, el Valle dei Templi de Agrigento y el Palazzo Abatellis de Palermo son algunos de los lugares gratuitos los primeros domingos de mes. Muchos museos municipales y locales son gratuitos a diario para menores de 18 y mayores de 65 años; pregunte siempre antes de entrar.

Valle de los Templos, Agrigento

⑨ Museo Archeologico Regionale, Licata

MAPA E5 ■ **Via Dante 12** ■ **092 2772 602** ■ **Horario:** 9.00-13.30 lu-sá, 9.00-13.00 y 16.00-18.00 ju ■ **Cerrado do y festivos**

Este pequeño pero excelente museo contiene objetos prehistóricos, así como una gran colección de hallazgos griegos y romanos. No se pierda las joyas de acero y oro de época griega.

⑩ *Sagre* (festivales gastronómicos)

Muchas ciudades celebran una *sagra* (fiesta gastronómica) anual, que es una gran oportunidad para mezclarse con la población. Los de Bronte y Palermo merecen la pena *(ver p. 87).*

TOP 10: SICILIA A BUEN PRECIO

Ciclistas de montaña en Palermo

1 Alquile una bicicleta en Palermo
El programa de bicicletas compartidas de la ciudad permite recorrer la ciudad y circular por zonas cerradas al tráfico. Hay 50 puntos donde dejar la bicicleta *(https://www.bicipa.it/).*

2 Compre un abono para el autobús
Un *giornaliero* da derecho a viajar en autobús hasta medianoche, incluido el 389 a Monreale.

3 Entradas a mitad de precio
Un billete normal suele ofrecer entrada a mitad de precio a otros lugares. Pregunte siempre si el lugar en cuestión pertenece a una asociación de museos.

4 Aperitivo rinforzato
Estas horas felices ofrecen comida de bufé con la bebida. Algún plato de marisco, pasta o carnes curadas puede reemplazar una cena... a un coste muy inferior.

5 Tome ferris en lugar de lanchas rápidas
Los ferris son más baratos que las lanchas rápidas y puede sentarse en cubierta para contemplar las vistas.

6 Autobuses donde interrumpir el trayecto
Este tipo de autobuses ofrece un modo más asequible de ver el mayor número posible de lugares de interés.

7 Compre alimentos en mercados al aire libre
Evite los supermercados y compre en mercadillos, como los sicilianos.

8 Beba vino de la casa
Pida *carafe (vino della casa)* en lugar de una botella.

9 Comida callejera
Alimentos como *panelle* (buñuelos de garbanzos) o *arancini* (albóndigas de arroz) son la comida rápida de Sicilia, con generosas raciones.

10 Billetes de autobús de regreso de larga distancia
Compre el billete de vuelta en los autobuses de larga distancia, que suelen ofrecer descuentos.

TOP 10 Fiestas y procesiones

La multitud en el festival de Sant'Agata, Catania

1 Sant'Agata, Catania
Principios feb

Ágata, una de las santas más antiguas, sufrió martirio en la Piazza Stesicoro de Catania. Su enjoyado relicario se muestra por la ciudad seguido por 10 hombres que cargan en sus espaldas grandes candeleros de oro. Los balcones se engalanan, ondean las banderas, arden las velas y hay fuegos artificiales al anochecer. A mediados de agosto se celebra una fiesta más pequeña.

2 Carnevale, Sciacca, Termini Imerese, Acireale
Feb o mar

Las estrechas calles de estos pueblos se llenan de desfiles, fiestas y competiciones. Las carrozas de cartón piedra satirizan sobre la actualidad o los personajes de la cultura popular.

3 San Giuseppe, valle del Belice
18-19 mar

El día de San José se celebra con fervor en el oeste, sobre todo en Salemi y Poggioreale. Se construyen altares en casas, colegios y espacios públicos, y en ellos se amontonan panes adornados y alimentos tradicionales, excepto carne, en señal de respeto a la pobreza del santo.

4 Viernes Santo, Noto
Mar o abr

En una solemne procesión por las calles de Noto al son de un tambor y una trompeta, se muestra la Sagrada Espina junto a una Dolorosa con velo negro.

5 Viernes Santo, Trapani
Mar o abr

Una procesión solemne representa la Pasión de Cristo. Los cuadros se decoran con flores y las bandas de música tocan endechas por la calle.

Procesión del Viernes Santo, Trapani

6 Domingo de Resurrección, Castelvetrano
Mar o abr

El Domingo de Resurrección se celebra en Castelvetrano la resurrección de Cristo en la Piazza Carlo d'Aragona. La Festa dell'Aurora atrae a multitudes que contemplan la imagen de María, vestida con un manto negro, entrar en la plaza desde un lateral mientras Cristo, de blanco, entra por el otro. Con un redoble de tambores se reúnen. El manto negro de María cae y deja ver una túnica resplandeciente mientras todo el mundo jalea.

7 **San Sebastiano y San Paolo, Palazzolo Acreide**

San Paolo: 29 jun; San Sebastiano: principios ago

Los terratenientes y granjeros leales a san Pablo y los artesanos y comerciantes devotos de san Sebastián intentan superarse mutuamente con enormes figuras de los santos.

Celebraciones en Palazzolo Acreide

8 **Santa Rosalia, Palermo**
Med jul

Durante seis días, las reliquias de Rosalía, de quien se dice que salvó a Palermo de la peste en 1624, desfilan por las calles sobre una *vera* (carroza) adornada.

9 **Fiesta de la Asunción, Randazzo**

15 ago

Una espectacular carroza se pasea desde la Piazza di Santa Maria hasta la Piazza Loreto. En ella van jóvenes locales disfrazados de ángeles, santos, Jesús y la Virgen.

10 **Santa Lucia, Siracusa**
Med dic

Una estatua de plata de la patrona de Siracusa se lleva desde el Duomo a la iglesia de Santa Lucia mientras los fieles pegan ojos votivos de plata, bronce o cera en su imagen.

TOP 10: FIESTAS POR TODA SICILIA

1 Festival di Cannolo, Palermo
Principios abr
El arte y la tradición del *cannolo* se celebra en el mercado de San Lorenzo.

2 Sagra del Carciofo, Cerda
25 abr
Festival de la alcachofa, con música en la plaza.

3 Mostra dei Formaggi della Valle del Belice e Sagra della Ricotta, Poggioreale
Mediados oct
Vea la fabricación del *ricotta.*

4 Festa della Ciliegia, Chiusa Sclafani
Principios o mediados jun
Festival de la cereza, con música folclórica.

5 Sagra della Cipolla, Giarratana
Mediados ago
Para saborear platos cocinados con la cebolla local, dulce y aplanada.

6 Sagra delle Sarde, Selinunte
Finales ago o principios sep
Fiesta de la sardina y procesión de la Virgen de los Pescadores.

7 Cous Cous Fest, San Vito lo Capo
Mediados sep
Los chefs compiten en un concurso internacional de cuscús, con degustaciones para los asistentes.

8 Sagra del Pistacchio, Bronte
Finales sep-principios oct
Animado festival dedicado al fruto seco local.

9 Ottobrata Zafferanese
Domingos oct
Feria en Zafferana Etnea, con vino local, castañas, queso y miel.

10 Sagra della Cassatella, Agria
Mediados nov
Fiesta en torno a la *cassatella,* un dulce siciliano muy típico.

Fiesta del Cuscús

Recorridos
por Sicilia

Vista de Cefalù, con su promontorio al fondo

TOP 10 Palermo

Colonizado por los fenicios en el siglo VIII a. C., Palermo cayó primero en manos de los romanos y luego de los invasores árabes, quienes lo nombraron capital y lo convirtieron en una de las ciudades más poderosas del mundo. Este esplendor se encumbró durante el dominio normando, que llevó influencia occidental a la isla. Hoy coexisten las huellas del pasado y la vida moderna: las coladas ondean en balcones del siglo XV y los autobuses retumban en edificios antiguos que combinan influencias orientales y occidentales. Muchos inmuebles fueron destruidos en la Segunda Guerra Mundial, y algunos de ellos han sido ocupados por restaurantes o galerías de arte en un entorno con ambiente.

Vasija de terracota de la antigua Grecia

PALERMO

Centro de Paler

1 Palazzo Abatellis
PLANO P4 ■ Via Alloro
4 ■ Horario: 9.00-18.30 ma-sá
(hasta 13.00 do y festivos)
■ Se cobra entrada

El Museo Regional de las
Bellas Artes de Sicilia está
en un palacio del siglo XV.
Destaca el *Triunfo de la
muerte (ver p. 50)*.

2 Iglesia de San Domenico, Oratorio del Rosario y mercado de Vucciria
PLANO M3 ■ Iglesia de San Domenico:
Piazza San Domenico; 17.00-19.00 lu,
9.00-13.00 y 17.00-19.00 ma-do;
claustro: 9.30-16.30 ma-sá; se cobra
entrada ■ Oratorio del Rosario: Via dei
Bambinai 2; 10.00-18.00 todos los días

En torno al mercado de Vucciria *(ver
p. 83)*, al norte se encuentra la iglesia

Iglesia y piazza de San Domenico

de San Domenico, donde descansan
los restos de notables sicilianos *(ver
p. 46)*. Fue reconstruida en estilo
barroco en el año 1640, y la fachada
es dieciochesca. Tras la iglesia se
encuentra el oratorio barroco del
Rosario, con un retablo realizado
por el célebre Anton van Dyck.

3 La Martorana y San Cataldo
PLANO L5 ■ Piazza Bellini 3 ■ La
Martorana: 9.45-13.00 lu-sá y 11.00
do (solo durante la misa); se cobra
entrada ■ San Cataldo: 10.00-18.00
todos los días

En la Piazza Bellini hay dos iglesias.
La pequeña iglesia de San Cataldo, de
mediados del siglo XII, tiene tres cúpulas bulbosas de estilo árabe de color
rojo, ventanas enrejadas y un elegante
interior desnudo. La Martorana tiene
un campanario normando (c. 1140), una
fachada barroca del siglo XVI y su decoración original de mosaicos *(ver p. 46)*.

Techo de La Martorana

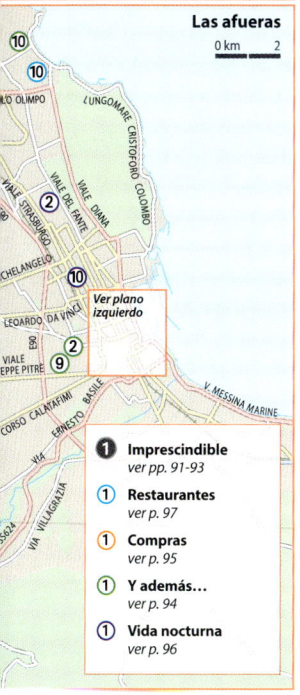

Las afueras

0 km   2

⑩
⑩
⑩
Ver plano izquierdo
②
⑨

LUNGOMARE CRISTOFORO COLOMBO
VIALE DEL FANTE
VIALE DIANA
VIALE STRASBURGO
O OLIMPO
CHELANGELO
LEOARDO DA VINCI
VIALE EPPE PITRE
CORSO CALATAFIMI
VIA ERNESTO BASILE
VIA VILLAGRAZIA
V. MESSINA MARINE

	Imprescindible *ver pp. 91-93*
①	**Restaurantes** *ver p. 97*
①	**Compras** *ver p. 95*
①	**Y además...** *ver p. 94*
①	**Vida nocturna** *ver p. 96*

4 La ciudad nueva
PLANO J1

La ancha y arbolada Via de la Libertà sale en dirección oeste desde el Teatro Politeama, donde empieza el nuevo Palermo, llena de tiendas y cafés; pasa por el Giardino Inglese, adornado con palmeras, y avanza hacia la Piazza Vittorio Veneto y La Favorita, antiguamente zona de caza de la realeza.

5 Albergheria
PLANO K6 Y L6

Entre la Via Vittorio Emanuele y la Via Maqueda, en un laberinto de calles, se encuentra este humilde barrio residencial. El corazón de la vecindad es el mercado de Ballarò *(ver p. 83)*. De visita obligada es la iglesia del Carmine (siglo XVII), en la Via Giovanni Grasso, con su interior de estuco y su cúpula policroma.

6 Museo Archeologico Regionale Antonio Salinas
PLANO L3 ■ Piazza Olivella 24
■ **Horario: 9.00-19.00 ma-sá (13.30 do y festivos)** ■ Se cobra entrada

El museo muestra hallazgos del oeste de Sicilia, desde el neolítico hasta la época romana. Entre los objetos púnicos y egipcios expuestos se encuentra la Piedra de Palermo (*c. 2700 a. C.*), con una inscripción jeroglífica. También hay vasijas griegas y esculturas romanas y metopas arcaicas y clásicas recuperadas de Selinunte *(ver pp. 36-37)*.

7 Quattro Canti
PLANO L5

El corazón de la ciudad es la intersección de la Via Maqueda y la Via Vittorio Emanuele. Llamada Quattro Canti por las cuatro esquinas que dividen Palermo en cuadrantes, la zona está repleta de decoración escultórica. El Ayuntamiento se encuentra en la Piazza Pretoria, aunque es más conocida como Piazza della Vergogna (plaza de la Vergüenza) por las estatuas desnudas de la fuente, diseñada en un principio para un jardín florentino.

Barcos en el puerto de La Cala

8 La Cala y Piazza Marina
PLANO N3

Desde la iglesia de Santa Maria della Catena, del siglo XV, se contemplan los yates atracados en el puerto de La Cala. La Piazza Marina alberga varios palacios; en el centro de los jardines se levanta una estatua de Garibaldi *(ver p. 43)*. La Porta Felice (1582) da paso al Foro Italico y al paseo marítimo.

Fachada de la catedral de Palermo

LA MAFIA

Durante siglos de vacío de poder soberano, los sicilianos desconfiaron del Gobierno, forjaron lealtades a lo suyo (la *Cosa Nostra*) y confiaron solo en la justicia impartida por caciques. Tras la unificación de Italia (1860), los terratenientes utilizaron a matones para protegerse y los bajos fondos prosperaron. Empleando el crimen para atemorizar y establecer alianzas, la mafia se infiltró en la sociedad.

⑨ La Kalsa

PLANO N5 ■ Rodeada del Foro Italico, Via Lincon, Garibaldi y Alloro

La Kalsa es la zona más al noreste del viejo Palermo, donde la población árabe estableció sus edificios administrativos. Fue bombardeada durante la Segunda Guerra Mundial, pero ha sido remodelada a lo largo de los años. Hay joyas por descubrir casi en cada rincón: busque, por ejemplo, el decadente Oratorio di San Lorenzo, de estilo rococó y la imponente iglesia normanda de La Magione.

⑩ El Palermo normando

El reinado normando en Sicilia estuvo marcado por una intensa mezcla de culturas, como se ve reflejado en la arquitectura de la época *(ver pp. 12-13)*. Palermo se convirtió en ejemplo de la mejor arquitectura y decoración normandas. El Palazzo dei Normanni y la catedral combinan los estilos árabe y normando.

▶ Desde la Via Maqueda salga a la Piazza Santi Quaranta Martiri y contemple la decoración barroca del interior de la **iglesia del Gesù** *(Piazza Casa Professa 21)*. Más allá se encuentra el **mercado de Ballarò** *(ver p. 83)*, donde puede deambular entre puestos repletos de comida. Para tomar un desayuno tardío, deténgase en cualquiera de los puestos que ofrecen *panelle (ver p. 77)* o bocadillos de berenjenas fritas.

Desde la Piazza Ballarò, atraviese la vieja vecindad, pase delante de la Chiesa del Carmine, con su coloreada cúpula, y tome la Via Case Nuove hasta la Via Maqueda. Entre en La Kalsa por la Via Gorizia hasta la Via Garibaldi, donde todavía quedan partes de la estructura original del Palazzo Ajutamicristo. Siga hacia abajo hasta **Santa Maria dello Spasimo** *(ver p. 96)*, donde se suele exponer arte contemporáneo. Tome la residencial Via della Vetreria hacia la Via Alloro y visite las colecciones del **Palazzo Abatellis** *(ver p. 91)*, diseñado por Matteo Carnalivari.

Diríjase hacia el sur por la Via Alloro hasta la Piazza d'Aragona y gire a la derecha por la Via A Paternostro hacia la Piazza San Francesco. Puede comer en la **Antica Focacceria** *(ver p. 97)*, donde se sirven especialidades sicilianas, como la *caponata (ver p. 76)*; en las mesas de la plaza, bajo la fachada de San Francesco, o en el interior de mármol y hierro forjado. De postre puede ◯ tomar un buen *gelato* en la *piazza*.

Ver plano en pp. 90-91 ←

Y además...

① Porta Nuova
PLANO J6

Esta imponente puerta de la ciudad se levantó en 1569 como arco de triunfo para conmemorar la victoria de Carlos V en Túnez.

Fachada de la Porta Nuova

② Castello della Zisa
MAPA N2 ■ Piazza Zisa 1
■ Piazza Zisa 1 ■ Horario: 9.00-18.30 lu-sá, 9.00-13.00 do y festivos ■ Se cobra entrada

Tiene techos de estalactitas, fuentes interiores, mosaicos y una colección de arte árabe.

③ Palazzo Mirto
PLANO N4 ■ Via Merlo 2
■ Horario: 9.00-19.00 ma-sá (hasta 13.00 do y festivos) ■ Se cobra entrada

Uno de los pocos palacios aristocráticos que se conservan en Palermo. El interior tiene muebles de los siglos XVIII y XIX y frescos alegóricos.

④ Oratorio di Santa Cita
PLANO M3 ■ Via Valverde 1
■ 091 2713837 ■ Horario: 10.00-18.00 todos los días ■ Se cobra entrada

El interior está cubierto con estuco y una obra maestra de Giacomo Serpotta.

Barcas en el puerto de Mondello

⑤ Palazzo Belmonte Riso
PLANO L5 ■ Via Vittorio Emanuele 365 ■ Horario: 9.00-18.30 ma-sá (hasta 13.00 do y festivos) ■ Se cobra entrada

El Museo de Arte Moderno expone arte siciliano e internacional.

⑥ Galleria d'Arte Moderna
PLANO M5 ■ Via Sant'Anna 21
■ Horario: 9.30-18.30 todos los días

Arte contemporáneo internacional en un espléndido convento.

⑦ Museo Internazionale delle Marionette Antonio Pasqualino
PLANO N4 ■ Piazzatta A Pasqualino 5 ■ Horario: 10.00-18.00 ma-sá (hasta 14.00 lu, do y festivos) ■ Se cobra entrada

Extensa muestra de la tradición titiritera (ver pp. 68-69).

⑧ Museo di Zoologia P Doderlein
PLANO P6 ■ Via Archirafi 16 ■ 091 23891819 ■ Horario: 9.00-13.00 lu-vi, 10.00-18.00 do y festivos ■ Se cobra entrada

La diversidad animal de Sicilia y la evolución, explicada a través de los especímenes conservados.

⑨ Catacumbas Cappuccini
MAPA N2 ■ Via Cappuccini 1
■ Horario: 9.00-12.30 y 15.00-17.30 todos los días (oct-mar: 9.00-13.00 do) ■ Se cobra entrada

Lugar de entierro de las clases altas de 1599 a 1881. No apta para niños.

⑩ Mondello
MAPA D2

Esta aldea se convirtió en el centro turístico de moda en el siglo XIX (ver p. 60).

Compras

1 Via della Libertà
PLANO J1

Tiendas de marcas italianas jalonan la calle entre el Teatro Politeama y la Piazza Francesco Crispi: pruebe Longho (nº 42) para mobiliario; Louis Vuitton para prendas de cuero (nº 7), Max Mara (nº 16a) para moda de lujo de mujer y accesorios.

2 Via Enrico Parisi
PLANO J1

Para comprar ropa masculina de alta costura hay que dejar Via della Libertà y acercarse a Uomo Store (nº 17/19), junto a la Via della Libertà, con descuentos en alta costura, y a *boutiques* como Visiona Uomo (nº 11). Después se puede tomar un aperitivo en Baretto, a la vuelta de la esquina en Via XX Settembre 43.

3 Ceramiche De Simone
PLANO L3 ■ Via Cavour 38

La familia De Simone lleva generaciones produciendo cerámica pintada a mano con dibujos de campesinos y pescadores sicilianos.

4 Quir Fattoamano
PLANO L5 ■ Via del Ponticello 55 ■ 091 2515038

La encantadora tienda de los propietarios Massimo y Gino vende cinturones, bolsos y maletas hechos a mano.

5 Rinascente
PLANO M4 ■ Via Roma 289

En esta sucursal de los grandes almacenes más exclusivos de Italia tienen *haute couture* italiana y muchos accesorios, así como una buena selección de artículos de hogar.

6 Enoteca Picone
PLANO L1 ■ Via Marconi 36

Además de más de 7.000 bebidas diferentes, aquí encontrará aceite de oliva y quesos *(ver p. 83)*.

Mercado de Palermo

7 Mercados

Algunos de los mejores productos de Palermo se encuentran en los tres mercados de alimentación. Merecen una visita, incluso sin comprar *(ver p. 83)*.

8 Punto Pizzo Free, L'Emporio
PLANO M4 ■ Via Vittorio Emanuele 172

Los productos tradicionales que venden proceden de varias *boutiques* de toda la ciudad. Los propietarios de dichas tiendas se han negado a pagar el *pizzo*, el impuesto que exige la mafia *(ver p. 83)*.

9 Vincenzo Argento
PLANO L5 ■ Via Vittorio Emanuele 445

La familia Argento practica el arte de los títeres desde hace cuatro generaciones. Fabrican marionetas tradicionales de estilo palermitano *(ver p. 68)* para sus espectáculos en su cercano teatro *(ver p. 69)* y para vender.

10 Franco Bertolino
PLANO K5 ■ Via Simone de Bologna 15, a la espalda de la catedral

Carrettini pintados a mano, los tradicionales carros sicilianos en miniatura, pueden adquirirse aquí junto con otros objetos de artesanía.

Ver plano en pp. 90-91

Vida nocturna

El impresionante Teatro Massimo

① Teatro Massimo
PLANO K3 ▪ Piazza Verdi
▪ Visitas guiadas ▪ www.teatro
massimo.it

El histórico teatro de Palermo es el ter-
cero más grande de Europa. Es escenario de óperas, ballet y conciertos.

② Teatro di Verdura
PLANO D2 ▪ Viale del Fante 70

En este teatro al aire libre, ubicado en el
jardín de la villa del príncipe de Castel-
nuovo, tienen lugar conciertos, obras de
teatro, ballet y ópera en verano.

③ Teatro Politeama Garibaldi
PLANO K2 ▪ Via Turati 2
▪ www.orchestrasinfonicasiciliana.it

Este teatro neoclásico se inauguró
en el año 1874. Aquí se celebran
conciertos y ballet.

④ Teatro Biondo Stabile
PLANO L4 ▪ Via Roma 258
▪ 091 7434341 ▪ www.teatrobiondo.it

Fundado por los hermanos Biondo
como centro de teatro experimental.

⑤ Santa Maria dello Spasimo
PLANO P5 ▪ Via dello Spasimo 35
▪ 091 6161486 ▪ Cerrado por
reformas ▪ Se cobra entrada

Esta iglesia *(ver p. 70)* que fue bombardeada funciona como galería de arte y
escenario para un amplio programa
de cine y conciertos (clásica, contemporánea y jazz), que tienen lugar en la
nave descubierta y en el jardín.

⑥ Associazione Culturale Palab
PLANO K6 ▪ Via Fondaco Palazzo
Reale 5 ▪ 320 9040746

Una combinación de centro cultural,
teatro, local de música y comedia,
cine, coctelería, pizzería y restaurante,
este lugar siempre está rebosante de
actividad.

⑦ Via dei Chiavettieri
PLANO M4

Esta calle peatonal comienza a ani-
marse desde primera hora de la
mañana. Está llena de locales y
pubs, muchos con mesas fuera
y música en directo.

⑧ Teatro Co-Op Agricantus
PLANO J1 ▪ Via XX Settembre 80
▪ 091 309636

Agricantus es un escenario de artes
de la interpretación que ofrece
representaciones de teatro y música
de gran calidad para niños.

⑨ Piazza Olivella
PLANO L3

Los numerosos bares de la plaza
situada entre el Teatro Massimo y la
Via Cavour se llenan de estudiantes
universitarios al llegar la noche.

⑩ La Cuba
PLANO N2 ▪ Villa Sperlinga, Via
Francesco Scaduto 12 ▪ 091 300846

Situado en la hermosa Villa
Sperlinga, un poco apartado del
centro de Palermo, este local atrae
por su comida, bebida y programa
de música en vivo y DJ.

Restaurantes

1 Cin Cin
PLANO J1 ▪ Via Manin 22
▪ 091 6124095 ▪ Cerrado do ▪ €€

Apartado en una calleja lateral, el
ítalo-americano Vincenzo combina de
modo creativo tradiciones sicilianas
con un toque sureño estadounidense.

2 Piccolo Napoli
PLANO K2 ▪ Piazzetta Mulino
a Vento 4 ▪ 328 6044380 ▪ Cerrado
do ▪ €€

Trattoria familiar ubicada en la plaza
del mercado, detrás del Teatro Politeama Garibaldi. Excelente pasta con
langosta y pescado *(ver p. 78)*.

3 Osteria Mercede
PLANO K3 ▪ Via Sammartino 1
▪ 091 332243 ▪ Cerrado lu y ma
mediodía ▪ €€

Cerca del Teatro Massimo, este
pequeño local sirve deliciosos platos
de pescado y aúna tradición e innovación. La carta, en una pizarra, cambia
cada día dependiendo de las capturas.

Interior de Antica Focacceria

4 Antica Focacceria
PLANO M4 ▪ Via A Paternostro
58 (Piazza S Francesco) ▪ 091 320264
▪ €€

En este local se prepara comida
rápida palermitana bajo la fachada
de San Francesco. Bocadillos, *panelle
(ver p. 77), tocaccia y pasta.*

PRECIOS

Una comida de tres platos con media
botella de vino (o equivalente), servicio
e impuestos incluidos.

....

€ menos de 35 € €€ 35-70 € €€€ más de 70 €

5 Lilla e Totuccio
PLANO K2 ▪ Via Cerda 2 ▪ 320
292 6255 ▪ €

Este puesto de comida callejero fre-
cuentado por jóvenes ofrece un bufé
de sencillas y sabrosas recetas, entre
ellas platos de pasta. Los precios son
una ganga, incluso si se pide vino.

6 Ferro di Cavallo
PLANO L4 ▪ Via Venezia 20
▪ 091 331835 ▪ Cerrado do ▪ €

Los habitantes acuden a esta
trattoria, situada cerca de Quattro
Canti, por su comida tradicional.

7 Freschette
PLANO K1 ▪ Via Quintino Sella
17 ▪ 393 2430440 ▪ Cerrado sá ▪ €

Café y mercado ecológico y vegeta-
riano con infinidad de productos
locales en el menú y a la venta.

8 Al Tentacolo
PLANO M4 ▪ Piazza Caracciolo
1/2 ▪ 328 8880252 ▪ €

Podría decirse que el mejor *fritto
misto* (fritura de marisco) del barrio,
servido a precio asequible en mesas
de plástico junto a la acera.

9 Osteria dei Vespri
PLANO M5 ▪ Piazza Croce dei
Vespri 6 ▪ 091 6171631 ▪ Cerrado do
▪ €€€

Establecimiento en un *palazzo,*
famoso porque apareció en la
película de Visconti *El gatopardo.*

10 Bye Bye Blues
MAPA D2 ▪ Via del Garofolo
23, Mondello ▪ 091 6841415
▪ Cerrado lu ▪ €€€

Platos creativos con excelentes
ingredientes sicilianos y una estrella
Michelin.

Ver plano en pp. 90-91

TOP10 Noroeste de Sicilia

La mayor parte de esta zona ofrece la oportunidad única de pasear por aldeas de pescadores, contemplar a los pastores trabajar y ser testigo de un modo de vida centenario. Las zonas costeras se mantienen inmaculadas y las montañas del interior conforman uno de los paisajes más rudos de Sicilia. Los agricultores todavía usan mulas, aunque las nuevas generaciones ponen viñedos para elaborar vino siciliano de calidad.

Aguas azules y acantilados rocosos en las islas Egadas

NOROESTE DE SICILIA

Mar Tirreno

Capo San Vito

San Vito lo Capo ①⑨⑤⑨

Aeropuert Falcone-Borsellin

Terrasir

Golfo di Cófano

⑥ Lo Zingaro

Castelluzzo

⑧

Golfo di Bonagia

④

Custonaci

Castellammare del Golfo

⑥

⑤ Scopello   Balestrate

Parti

Marettimo 30 km

Isola di Levanzo

②④⑧③⑦ Erice

④ Valderice

Levanzo

Trapani ①

A29   S113

② Islas Egadas

⑩ ⑩ Paceco

Fulgatore

⑥ Alcamo

Lo Po

Favignana

Aeropuerto de Trapani-Birgi

A29dir   Segesta

④⑥

⑦ Rilievo

Ummari

⑧ ③

Camporeale

Isola Favignana

Isole dello Stagnone

Calatafimi

Mozia

Vita

⑨

Tabaccaro

Salemi

Gibellina Vecchia

Marsala ①⑩

②

Santa Ninfa

②

Lo

⑨

⑥

Strasatti

Lago della Trinità

Partanna

①

Santa Margh di Beli

⑦

Pizzolato

Castelvetrano ③⑧

Montevago

⑦

Pantelleria 100 km

Campobello di Mazara

Samb di Sic

④

A29

Mazara del Vallo

⑤

Belice   S115

⑦③ Menfi

0 kilómetros   15

⑤

Porto Palo

⑩

Selinunte

Trapani
MAPA B2

Este ajetreado puerto desde tiempos de los españoles sigue siendo un lugar muy animado. La ciudad nueva ha crecido, pero el centro histórico se concentra en una delgada península: el área total es menor de 2,5 km². Las calles principales se cruzan con una mezcla de edificios barrocos, tiendas y bares. La Via Torrearsa va desde el puerto hasta la plaza del mercado, con su bonita galería; el Corso llega hasta el extremo de la península y ofrece estampas del día a día siciliano en las calles adyacentes.

2 Islas Egadas
PLANO A3 ■ Aerodeslizador y ferri: Trapani

Se puede llegar a Levanzo, Favignana y Marettimo en aerodeslizador desde Trapani (el trayecto dura al menos 20 minutos). Son perfectos para relajarse en verano, ya que no hay mucho más que ver que el propio mar. Son conocidas por la *mattanza*, la pesca de herencia árabe del atún, que todavía se practica en primavera. Las numerosas canteras de toba salpican Favignana; las cuevas del interior de Levanzo albergan pinturas paleolíticas y neolíticas; Marettimo, la isla más alejada (a 1 hora de Trapani), es famosa por sus aguas cristalinas. Las tres son ideales para nadar y tomar el sol.

Interior de la catedral de Monreale

3 Monreale
En este monte real *(mons reale)*, el rey normando Guillermo II hizo construir el monasterio y la catedral que acabarían siendo los últimos y más espléndidos monumentos normandos de la isla *(ver pp. 14-15)*.

 Erice
MAPA B2 ■ www.funiviaerice.it

En la cumbre de un acantilado sobre Trapani se hallaba Eryx, enclave conocido por su templo de Venus Ercinia, que servía de faro para los navegantes. El templo fue sustituido por un castillo en la Edad Media; el pueblo todavía conserva un aspecto medieval. El principal negocio es el turismo. Los artesanos locales fabrican cerámica y alfombras.

5 Selinunte

Los restos de esta ciudad grie-ga, que incluyen templos, muros, viviendas y un mercado, se mantienen en su majestuoso emplazamiento como silenciosos testigos de la gloria del pasado *(ver pp. 36-39)*.

Reserva Naturale dello Zingaro

6 Lo Zingaro
PLANO B2

La primera reserva natural de Sicilia se instituyó en 1980 para proteger 7 km de costa rocosa en el mar Tirreno, entre Scopello y San Vito Lo Capo. Senderos señalizados de varios niveles de dificultad atraviesan el escarpado interior y siguen el contor-no costero por los acantilados, pasan-do por pequeñas calas y playas de guijarros. Entre las especies protegi-das hay orquídeas y claveles silvestres,

> **EL VINO DE MARSALA**
>
> Cuando en el siglo XVIII John Woodhouse despachó vino a Liverpool conservándo-lo con alcohol adicional, "descubrió" el Marsala. El producto despegó y , junto con los ingleses Ingham y Whitaker y el italiano Florio iniciaron un negocio para fortalecer el vino local. En el siglo XX, las versiones industriales se consideraban vino para guisar, pero hoy las elaboracio-nes tienen mucha calidad.

palmeras enanas, lirios, algunas de las antes abundantes encinas, alcor-noques, líquenes, helechos, águilas de Bonelli, trinos sicilianos, halcones peregrinos, búhos, puerco espines y zorros.

7 Pantelleria
MAPA A6 ▪ Aerodeslizadores: Liberty Lines 092 3022022 ▪ Vuelos: Palermo y Trapani

Más cercana a África que a Sicilia, es conocida por su belleza natural y su gastronomía. La arquitectura refleja influencias árabes, como los *dammusi*, casas bajas con cúpulas enjalbegadas. Pantelleria es famosa por sus cultivos de alcaparras de alta calidad y, ade-más, aquí se produce el famoso Passito, un vino dulce y espeso, hecho con la uva *zibibbo*, que crece a pesar del siempre presente viento siroco que sopla desde el mar.

8 Segesta
PLANO C3 ▪ 4 km de Calatafimi ▪ Horario: mar y nov: 9.00-18.30 todos los días (abr-sep: hasta 19.30 todos los días; nov-feb: hasta 17.00 todos los días) ▪ Se cobra entrada

Las ruinas más románticas de Sicilia se esconden entre verdes colinas y escar-padas montañas, al oeste de Calatafimi. El templo se construyó en perfectas proporciones dóricas *(c. 420 a. C.)* y se mantiene aislado en una suave colina. Las columnas sin surcos, la ausencia de *cella* y los clavos adheridos al estiló-bato sugieren que está inacabado. Ubicado en el monte Barbaro, el teatro todavía está en uso *(ver p. 44)*.

9 Mozia
MAPA B3

■ **Museo Whitaker: abr-oct: 9.30-18.30 todos los días; nov-mar: 9:00-15.00 todos los días** ■ **Se cobra entrada**

Este yacimiento arqueológico ocupa una isla de Lo Stagnone, la laguna que se extiende al norte de Marsala. Los fenicios llegaron en el siglo VIII a. C. y más tarde los cartagineses hicieron prosperar el enclave; Dionisio I de Siracusa lo dejó en ruinas en el 398 a. C. La gran colección de piezas

Estatua griega, Mozia

arqueológicas del Museo Whitaker (en la antigua casa de uno de los primeros productores de Marsala) incluye una excepcional estatua griega de mármol de un joven con una túnica plegada (c. 440 a. C.).

10 Marsala
MAPA B3 ■ **Museo Archeologico Baglio Anselmi: Lungomare Boéo** ■ **Horario: 9.00-19.30 todos los días (hasta 18.30 para la zona arqueológica)** ■ **Se cobra entrada**

Los árabes le dieron su nombre definitivo: Marsa Allah, es decir, puerto de Dios. Hoy es más conocido como punto de desembarco de Garibaldi y sus Camisas Rojas *(ver p. 43)* y por el vino que lleva su nombre. El comercio del vino de Marsala se desarrolló en el siglo XVIII. El museo Baglio Anselmi alberga tesoros del pasado púnico de Marsala.

Teatro romano, Segesta

Ver mapa en pp. 98-99 →

UN DÍA EN TRAPANI

Torre de Ligny · Taverna Paradiso · Mercado de Trapani · Piazza Mercato del Pesce · Ceramiche Perrone · Catedral de San Lorenzo · Corso Vittorio Emanuele · Via Torrearsa · Erice 13 km · Islas Egadas 38 km · Iglesia de Sant'Agostino

▶ MAÑANA

Empiece el día con una visita al **mercado de Trapani,** en la Torre de Ligny, en el puerto, un lugar estupendo para comprar provisiones para un pícnic. A continuación, suba por Corso Vittorio Emanuele y eche un vistazo a las piezas de cerámica artesanales de **Ceramiche Perrone** *(ver p. 104).*

Bajando por Corso Vittorio Emanuele, levante la vista para contemplar las verdes cúpulas de la catedral de San Lorenzo antes de girar hacia Il Tonno in Piazza, en Piazza Mercato del Pesce, para aprovisionarse. En la confluencia entre Corso Vittorio Emanuele y **Via Torrearsa** *(ver p. 99),* camine unos metros a la derecha para visitar la **iglesia de Sant'Agostino,** con su rosetón del siglo XIV, antes de pasar bajo el arco y retornar a la Via Torrearsa. Deténgase en la península para disfrutar de una comida con vistas al mar.

TARDE

Pase la tarde comprando en Trapani o acérquese a **Erice** *(ver p. 99),* que tiene unas vistas espectaculares, o tome un aerodeslizador a Favignana, una de las **islas Egadas** *(ver p. 99).*

Vuelva a Trapani con tiempo para la *passeggiata* del atardecer y culmine el día cenando pescado en la **Taverna Paradiso** *(ver p. 105).* Pida un *gelato* o el típico postre siciliano de *cassata.*

Y además...

El interior exquisito de la barroca Villa Palagonia, Bagheria

① Bagheria
MAPA D2

Este pueblo al este de Palermo ha crecido mucho, pero conserva las trabajadas villas barrocas de la nobleza palermitana.

② Cretto di Burri
MAPA C3

El pintor y escultor italiano Alberto Burri creó esta escultura de cemento en 1984. Es un monumento sombrío dedicado a las vidas de los gibelinos muertos en el terremoto de 1968.

③ Castelvetrano
MAPA B3

Conocida por su producción de aceite de oliva, debe a los árabes su plan urbanístico y su laberinto de plazas en el centro. El *Efebo* de bronce (*c.* 470 a. C.) está en el Museo Cívico.

④ Mazara del Vallo
MAPA B3

En este puerto pesquero se halla la estatua helénica de bronce *Satiro Danzante*, encontrada en el fondo del mar por los pescadores en 1997.

⑤ Canteras de Cusa
MAPA B3 ▪ Cerca de Campobello di Mazara

Esta cantera natural de Selinunte se encuentra en medio de olivos. Conserva bloques de toba volcánica y columnas cortadas, que se llevaban a rastras hasta la ciudad, a 9 km.

⑥ Alcamo
MAPA C2

Este pueblo alberga un castillo del siglo XIV de los condes españoles de Modica, que gobernaron la mayor parte de la región. Pero el lugar es más conocido por el vino Bianco d'Alcamo.

⑦ Marinella di Selinunte
MAPA C4

El pueblo pesquero de Selinunte tiene un gran mercado matinal y un pequeño centro histórico con casas de pescadores. En el paseo marítimo hay casas de baños, restaurantes y bares.

⑧ Solunto
MAPA D2

El pueblo griego de Solus se construyó sobre el mar en lo alto de un asentamiento cartaginés. A falta de manantiales naturales, tenía un evolucionado sistema de conservación del agua.

⑨ San Vito lo Capo
MAPA B2

En este pronunciado promontorio hay un centro turístico con una playa de arena y un paseo marítimo.

⑩ Salinas
MAPA B2 ▪ Museo del Sale: Via Chiusa, Nubia, Paceco ▪ Horario: 9.30-19.00 todos los días ▪ Se cobra entrada

La producción de sal marina con molinos de viento data del siglo XVI. Visite el Museo del Sale de Paceco (ver p. 66).

Características del paisaje

① **Colinas onduladas**
MAPA C3
Las colinas del valle del Belice acogen trigales (verdes en invierno, dorados en verano y negros tras la cosecha), viñedos y olivares.

② **Colina de Poggioreale**
MAPA C3
En el camino que lleva desde las ruinas de Poggioreale hasta la ciudad nueva se levanta una solitaria colina cubierta de trigo y dominada por un peral.

③ **Montañas escarpadas**
MAPA C3
Los escarpados montes que rodean Segesta, Calatafimi y Alcamo parecen secos y estériles, pero los ingeniosos habitantes cultivan recias vides a gran altitud.

④ **Canteras**
MAPA B2
Las montañas entre Trapani, San Vito Lo Capo y Castellammare del Golfo son ricas en mármol, pero están siendo destruidas por las canteras de donde se extrae material para construir edificios de oficinas.

⑤ **Playas**
Largas playas de arena se suceden a lo largo de la costa occidental de Sicilia, hasta la franja de San Vito lo Capo. Las playas de guijarros son más frecuentes en el noroeste, sobre todo en la zona del Golfo di Castellammare.

Aguas cristalinas en San Vito lo Capo

⑥ **Farallones**
MAPA C2
Centenares de gaviotas anidan en las grietas de las agujas rocosas que surgen en las aguas de Scopello Tonnara.

⑦ **Valle del Belice**
Cerca de su desembocadura, el valle del río Belice es ancho, plano y muy fértil; la tierra está tapizada de viñedos, olivares, limonares y melonares. Una autovía, elevada sobre altos pilares, atraviesa el valle.

Campos de cultivo en ladera, Belice

⑧ **Promontorios**
MAPA B2
Las formaciones rocosas más espectaculares son Monte San Giuliano (con Erice en la cumbre), Monte Cofano (con bonitas bahías y vistas de Erice) y Monte Monaco, en San Vito lo Capo.

⑨ **Llanuras**
Las montañas del interior se suavizan a medida que se acercan a Mazara, Marsala y Trapani. La soleada zona baja es un terreno propicio para la vid, el olivo y las salinas.

⑩ **Erosión**
Los romanos deforestaron Sicilia para plantar trigo. El resultado es una tierra sin árboles, seca y propensa a los corrimientos debido a la acción de la lluvia.

Ver mapa en pp. 98-99 ←

Tiendas tradicionales

Espacioso interior de la Cantine Pellegrino

① Cantine Pellegrino, Marsala
MAPA B3 ■ Via del Fante 39
■ www.carlopellegrino.it
La reputada bodega de la familia Pellegrino ofrece visitas a las bodegas y catas en varios idiomas.

② Pasticceria Artigianale Grammatico Maria, Erice
MAPA B2 ■ Via Vittorio Emanuele 14
Esta tienda especializada en dulces ofrece una amplia variedad de delicias hechas siguiendo recetas que han sido recopiladas a lo largo de los siglos por las hermanas del monasterio de San Carlo de Erice *(ver p. 80)*.

③ Ceramiche Perrone, Trapani
MAPA B2 ■ Corso Vittorio Emanuele 102
Además de platos de cerámica, este negocio familiar produce también figuras de campesinos sicilianos para el belén y réplicas en terracota de comidas tradicionales.

④ La Casa del Tonno, Favignana
MAPA B2 ■ Via Roma 12
■ www.iltonno.com
El nombre, La Casa del Atún, lo dice todo. En el centro de Favignana, donde todavía se practica el antiguo método de pesca de atún de la *mattanza (ver p. 53)*, esta tienda vende atún en aceite y *bottarga* (huevas de atún secas).

⑤ Altieri 1882, Erice
MAPA B2 ■ Via Cordici 10
Desde 1882, Altieri produce sus diseños originales de artículos de oro, coral y cerámica *(ver p. 82)*.

⑥ Cantine Florio, Marsala
MAPA B3 ■ Via Vincenzo Florio 1 ■ www.duca.it/florio
Las bodegas de Florio cuentan con una tienda y un museo del vino con una colección de herramientas de viticultura antiguas.

⑦ Taberna Gustus, Trapani
MAPA B2 ■ Via Libertà 119
Una tienda de vinos y alimentación con una gran selección de marcas locales, además de espumosos, licores, aceites, confitería y productos artesanos.

⑧ La Bottega del Pane Rizzo, Castelvetrano
MAPA B3 ■ Via Garibaldi 85
El maestro panadero Tommaso Rizzo utiliza ingredientes locales, levadura natural y un horno de leña para elaborar el *pane nero di Castelvetrano*, un sabroso pan de color oscuro. También prepara deliciosos *biscotti piccanti*, panecillos con pimienta negra y anís. Otras galletas llevan miel, semillas de sésamo e higos.

⑨ A Maidda, San Vito lo Capo
MAPA B2 ■ Regina Margherita 52
Fina selección de placeres y vinos sicilianos, aunque no baratos.

⑩ Museo del Sale, Paceco
La tienda del museo vende cajas de sal marina de producción tradicional. Tiene un rico sabor que puede variar según las condiciones climáticas. El fino grano añade textura a los alimentos *(ver p. 102)*.

Restaurantes

1 **Pocho, San Vito lo Capo**
MAPA B2 ▪ Località Isulidda, Makari ▪ 092 3972525 ▪ Cerrado oct-Semana Santa ▪ €€

Se puede comer en un comedor con marionetas o en la terraza con vistas al monte Cofano y la bahía *(ver p. 78).*

2 **Taverna Paradiso, Trapani**
MAPA B2 ▪ Lungomare Dante Alighieri 22 ▪ 092 322303 ▪ Cerrado do ▪ €€

Se sirve pescado preparado de manera sencilla. Amable servicio.

PRECIOS
Una comida de tres platos con media botella de vino (o equivalente), servicio e impuestos incluidos.

€ menos de 35 € ▪ €€ 35-70 € ▪ €€€ más de 70 €

6 **La Bettola, Favignana**
MAPA A3 ▪ Via Nicotera 47 ▪ 092 3921988 ▪ Cerrado lu ▪ €

El menú incluye la pesca del día y algún plato de verdura. Buen sitio para comer atún en temporada.

7 **Agriturismo Vultaggio, Guarrato, cerca de Trapani**
MAPA B2 ▪ Contrada Misiliscemi Guarrato ▪ 092 3864261 ▪ €€

En este *agriturismo,* que produce su propio vino, aceite y cítricos, se puede degustar comida tradicional siciliana.

Plato de marisco de Trapani

3 **La Pineta, Selinunte**
MAPA B4 ▪ Via Punta Cantone ▪ 092 446820 ▪ €

Pescado fresco servido en la playa a la luz de las antorchas.

4 **Cantina Siciliana, Trapani**
MAPA B2 ▪ Via Giudecca 36 ▪ 092 328673 ▪ €

El chef Pino Maggiore ofrece tradición en su restaurante, como cuscús y pesto de almendras *(ver p. 79).*

5 **Ristorante La Terrazza, Scopello**
MAPA C2 ▪ Via Marco Polo 5 ▪ 092 4534843 ▪ €€

Pescado fresco capturado para el restaurante y magníficas vistas.

8 **Le Vele, Trapani**
MAPA B2 ▪ Via Serisso 18 ▪ 347 4219772 ▪ €

Le Vele es elegante pero sin pasarse. Además de estupendas pizzas sirve pescado cocinado al estilo tradicional de Trapani, pero su especialidad es la *patate alla vastasa,* patatas especiadas con queso y cebolla.

9 **Bricco & Bacco, Monreale**
MAPA C2 ▪ Via Benedetto d'Acquisto 13 ▪ 091 6417773 ▪ €€

La comida se inspira en los generosos platos del interior de Sicilia. En su carta se incluyen antipasti, carnes (como *trippa*) y recetas vegetarianas.

10 **Le 4 Stagioni, Menfi**
MAPA C3 ▪ Via delle Margherite 15 ▪ 092 578447 ▪ €€

Este hotel-restaurante sin pretensiones sirve platos sicilianos de máxima calidad y platos de pasta.

Plato bien presentado en Le 4 Stagioni

Ver mapa en pp. 98-99 ←

TOP 10 Noreste de Sicilia

El noreste de Sicilia está dominado por el volcán Etna, aunque la región cuenta además con tres cordilleras, un archipiélago con otros volcanes activos y dos de las mayores ciudades de Sicilia. Muchos lugares han sido golpeados por guerras, terremotos, maremotos y ríos de lava, pero la tierra y la gente se recuperan después de cada catástrofe. Quizá por esta razón se celebren las fiestas patronales con tanto fervor. Arriba, en las cordilleras de Nebrodi y Madonie, parece que nada cambia: los mismos castillos que guardaban las rutas reales del interior ahora vigilan la moderna autopista.

Cráter de la isla de Vulcano

NORESTE DE SICILIA

1 Imprescindible ver pp. 109-111	
1 Restaurantes ver p. 115	
1 Mercados y tiendas especializadas ver p. 114	
1 Actividades al aire libre ver p. 113	

0 kilómetros   30

Isla Stromboli

Isla Filicudi

Isla Panarea

Isla Salina   San Pietro

Rinella   Santa Marina Salina

Isla Alicudi 22 km

Lipari   Isla Lipari

Aeolian Islands

Isla Vulcano

Capo di Milazzo

Baronía   Messina

Capo Calavà   Golfo di Patti   Tindari

Capo d'Orlando   Galáti Marina

Rocca   Castell'Umbreto   Novara di Sicilia   Estrecho de Messina

Cefalù   Marina di Caronia   Frazzano   Floresta

Castelbuono   San Fratello   Tortorici   Montañas Peloritani

Mistretta   Montañas Nebrodi   Randazzo   Alcàntara   Taormina

Montañas Madonie   Cerami   Linguaglossa   Giardini Naxos

Nicosia   Troina   Bronte   El Etna   Giarre

Alimena   Agira   Adrano   Acireale

Leonforte   Paternò

Villarosa   Enna   Castel di Iudica   Catania

San Cataldo   Caltanissetta

Páginas anteriores El Duomo de Catania y la fuente del Elefante

1 Islas Eólicas

Este archipiélago fue declarado Patrimonio de la Humanidad por la Unesco en el año 2000 en reconocimiento a la evolución de las formas volcánicas que conforman su espectacular paisaje. Se trata de un área de vital importancia para los vulcanólogos *(ver pp. 16-17)*.

2 Messina
MAPA H2

Fundada por colonos de Messenia, la ciudad creció en torno al puerto. En 1908 fue asolada por un terremoto y maremoto, aunque algunas partes del casco antiguo sobrevivieron, entre ellas el Duomo normando, con sus portales y esculturas originales; la fuente del siglo XV, ubicada en la Piazza Duomo y la torre con el reloj, cuyas figuras mecánicas cobran vida al mediodía; la iglesia de la Santissima Annunziata dei Catalani, y el Museo Regionale, con obras de Antonello da Messina *(ver p. 56)* y Caravaggio *(ver p. 50)*.

3 Estrecho de Messina
MAPA H2

El paso entre Messina y Reggio di Calabria se suponía vigilado por Escila y Caribdis, las míticas criaturas marinas que desorientaban a los navegantes. Durante más de 30 años se ha debatido sobre la construcción de un puente que una la isla con la península. Algunos sicilianos piensan que un enlace acercaría el necesitado desarrollo económico y otros temen perder la autonomía.

4 Giardini-Naxos
MAPA H3 ▪ **Asentamiento y museo: 9.00-19.00 todos los días** ▪ **Se cobra entrada**

Naxos se fundó en el 734 a. C. y fue punto de partida de los mensajeros que iban a Grecia. Las ruinas, murallas y fragmentos del templo se custodian en un parque. Un museo muestra objetos encontrados en el lugar.

Iglesia de San Giuseppe, Taormina

5 Taormina

El primer centro turístico de Sicilia ha recibido visitantes durante siglos, y ninguno ha podido olvidar la pintoresca belleza de la zona *(ver pp. 18-19)*.

6 El Etna

El volcán activo más grande de Europa domina la isla: raramente se pierde de vista *(ver pp. 20-21)*.

El Etna, desde la distancia

Una playa de arena en Cefalù

7 Montañas Madonie
MAPA E3

Esta cordillera cuenta con los picos más altos de la isla después del Etna. Se extiende desde Cefalù hacia el interior y forma el protegido Parco Naturale Regionale delle Madonie. El parque abarca campos, bosques de haya, castaño, alcornoque, álamo y abeto, así como diminutas aldeas. Las remotas moradas que una vez ofrecieron refugio a los bandidos son ahora puntos de partida para realizar actividades al aire libre, como el esquí, además de rutas a pie, a caballo o en bicicleta *(ver pp. 64-65).*

Vista de las montañas Madonie

8 Cefalù
MAPA E2

Este pequeño pueblo de pescadores es ahora centro turístico gracias a sus pintorescas playas de arena e impresionante catedral *(ver p. 47).* También le hace atractivo su ubicación en una franja de tierra entre el mar y un gran promontorio. Se fundó en el siglo IV a. C., pero el conde Roger lo destruyó en 1063. Recobró importancia gracias a su hijo, Roger II, que dotó al lugar de un arzobispado y una imponente iglesia con excepcionales mosaicos bizantinos. La ciudad ha conseguido mantener su carácter medieval pese a la aparición de modernos complejos turísticos. Los complejos de vacaciones se disponen a ambos lados de la población, ya que esta ha cerrado sus puertas al mar para protegerse de las tormentas mediante altos muros y concentra su atención en el interior.

DEL HIELO AL HELADO

Los griegos y los romanos utilizaban la nieve del Etna para enfriar el vino; los árabes mezclaban la nieve con azúcar y limón y se la bebían. Los cocineros sicilianos se acostumbraron a combinar el hielo con azúcar y sabores naturales para hacer granizados y sorbetes. A principios del siglo XVIII perfeccionaron el arte de hacer helados añadiéndole chocolate traído por los españoles. El *gelato* siciliano es famoso hoy en el mundo entero *(ver p. 76).*

UN PASEO MATINAL POR CEFALÙ

9 **Catania**
MAPA G4

Tras un gran terremoto en 1693, la ciudad se reconstruyó con un singular estilo barroco. Los monumentos más importantes se encuentran en torno a la Piazza Duomo.

Parque arqueológico, Tindari

10 **Tindari**
MAPA G2

Las ruinas de Tyndaris, primero griega y después romana, yacen a ambos lados de la calle principal, Decumanus Maximus. Las viviendas muestran los suelos de mosaico, los desagües y los sistemas de calefacción. Una basílica restaurada con elegantes arcos marca la entrada a la zona pública. El teatro, construido por los griegos, modificado por los romanos, y todavía en uso, ofrece vistas del mar. Un museo alberga hallazgos del lugar, como una colosal cabeza de Augusto. Cerca se encuentra el santuario de la Virgen Negra.

Inicie el paseo en la Piazza Garibaldi y tome el Corso Ruggero, donde se halla la iglesia de Maria Santissima dell Catena, construida sobre las murallas del siglo IV a. C. En la esquina con la Via Amendola hay restos del Cefalù normando: el Palazzo Osterio Magno, cerca de la catedral. Atraviese la floreada *piazzetta*, pase frente a la iglesia del Purgatorio y siga hacia la Piazza del Duomo, que se abre a la derecha. Dentro de la **catedral** *(ver p. 47)* destacan los mosaicos, pero también destaca el exterior del ábside, en la parte trasera. Puede sentarse a tomar un capuchino en el **Bar Duomo** *(Piazza Duomo 24)* mientras contempla la fachada de la catedral y escucha las campanas.

Siga hasta el final del Corso, gire a la izquierda por la Via Bordonaro y a la derecha por la Piazza Crispi, que ofrece vistas de las murallas griegas, más tarde absorbidas por las fortificaciones españolas. Continúe por la Via Bordonaro hasta la Piazza Marina, que da al pequeño puerto. A la izquierda, en la Via Vittorio Emanuele, una escalera lleva a los lavatoio (lavabos), único vestigio del dominio árabe.

Antes de comer deambule por el genuino **Cefalù**, donde los pescadores reparan sus barcas y las mujeres charlan tras hacer la colada.

Disfrute de un almuerzo en el jardín de **Il Normanno** *(Via Vanni 9, cerca de Corso Ruggero)* o compre alimentos para un pícnic en Alimentari e Salumeria Gatta Gaetano *(Corso Ruggero 152).*

Ver mapa en p. 108 ←

Erupciones del Etna

1 **693 a. C.**
Una gran erupción destruyó el asentamiento griego de Katane (la antigua Catania).

2 **396 a. C.**
Los torrentes de lava de esta erupción alcanzaron el mar Jónico, impidiendo desembarcar al cartaginés Himilco y, en consecuencia, deteniendo su marcha sobre Siracusa.

3 **1169, 1329 y 1381**
Las erupciones de estos tres años arrojaron lava al mar. En la primera llegó a Aci Castello; la última arrasó todo el camino a Catania, alcanzó el mar por Ognina y cubrió el Portus Ulixis (mencionado en *La Eneida* de Virgilio).

4 **1669**
La peor erupción de la era moderna estuvo precedida de tres días de terremotos. Al tercer día se abrió una grieta de 14 km de longitud desde la cumbre hasta Nicolosi, que vertió toneladas de ceniza, rocas y lava. La erupción duró cuatro meses, asoló localidades y dejó a 27.000 personas sin hogar.

5 **1886**
Los torrentes de lava de esta erupción amenazaron de nuevo Nicolosi, pero se sacó en procesión el velo de santa Ágata y la lava se detuvo, se supone que milagrosamente.

6 **1911**
Dos erupciones en la cara norte originaron una grieta de 5 km de longitud y 170 cráteres. La cresta se volvió a abrir en 1923.

7 **1928**
Una fuerte erupción destruyó Mascali, grandes extensiones de cultivo y varias construcciones. Fue la única destrucción de un pueblo ocurrida durante el siglo XX.

8 **1979**
Una explosión mató a nueve turistas que se hallaban al borde del cráter principal y vertió lava al valle del Bove hasta las inmediaciones de Fornazzo.

9 **1991-1993**
La lava fluyó por el valle del Bove hacia Zafferana Etnea. Las autoridades intentaron desviar el torrente con explosivos y lanzando bloques de hormigón desde helicópteros. La lava se detuvo finalmente a 1 km del pueblo.

10 **2001-2002**
La erupción más compleja en 300 años tuvo lugar en 2001, cuando el Etna vertió ceniza y lava desde seis aberturas en las caras norte y sureste, y destruyó la estación de teleférico Etna Sud. La erupción de 2002 arrasó los centros de visitantes y los hoteles y hubo que cerrar el aeropuerto de Catania.

Un penacho de humo del Etna

Actividades al aire libre

El río y la garganta del Alcàntara

① Garganta del Alcàntara
El río Alcàntara fluye al fondo de una garganta de basalto de 20 metros. Desde el aparcamiento, donde se alquilan botas de goma, se puede bajar y tomar un ascensor hasta el fondo para caminar entre las paredes y sobre las cascadas.

② Equitación, Madonie
Agriturismo Casalvecchio Geraci: Geraci Siculo; 334 1362149 ■ Sicily on Horseback: Collesano; 347 8125470

Los caminos de esta cordillera, en la que se hallan el Etna y las mayores alturas de la isla, también pueden recorrerse a caballo. Hay varias cuadras, algunas junto a buenos restaurantes.

③ Esquí, Etna
SkiAcademy EtnaSci: 347 9237661 ■ Scuola Italiana Sci Etna: 347 6551793 ■ www.scuolascietna.it

Hay unas 10 pistas de esquí en las laderas del Etna. Se alquilan equipos.

④ Natación, islas Eólicas
No faltan lugares para nadar en las islas: el agua está limpia y llena de vida.

⑤ Náutica, islas Eólicas
La mejor manera de visitar grutas y calas escondidas y el único modo de ir de isla a isla es el barco. Haga su elección entre una amplia oferta desde el puerto de cualquiera de las siete islas. También se alquilan barcos.

⑥ Paseos, Tindari
Bajo el promontorio, desde el Capo Tindari hacia Oliveri y Falcone, la reserva Tindari-Oliveri ofrece tranquilos paseos por las formaciones de arena y los lagos de agua azul verdoso.

⑦ Senderismo, Nebrodi
El Parque de las Montañas de Nebrodi abarca bosques de tejo y haya, pastos, rapaces, humedales y 21 poblaciones donde se produce artesanía. Entre la fauna destacan las aves migratorias y los caballos salvajes. Hay senderos señalizados para caminar.

⑧ Senderismo, islas Eólicas
Se puede subir al cráter de Vulcano siguiendo las señales «Al cratere». Al atardecer, una excursión en barco permite ver las erupciones de Stromboli.

Por los senderos del Etna

⑨ Senderismo, Etna
Gruppo Guide Alpine Etna Sud: 095 7914755; www.etnaguide.eu ■ Gruppo Guide Alpine Etna Nord: 095 7774502; www.guidetnanord.com

Se puede ascender al cráter principal o caminar por las laderas con un guía.

⑩ Senderismo, Madonie
Italian Alpine Club: 092 2057231 ■ www.cai.it

Muchos senderos señalizados por nivel de dificultad atraviesan las montañas Madonie; algunos son accesibles para personas discapacitadas. El Club Alpino Italiano organiza excursiones.

Ver mapa en p. 108

Mercados y tiendas especializadas

Cerámica, Santo Stefano di Camastra

① Cerámica, Santo Stefano di Camastra

MAPA H2

Hay muchas tiendas que venden la famosa cerámica naranja y amarilla.

② 'A Putia, Giardini-Naxos

MAPA G3 ▪ Via Umberto I 456

Venden una amplia variedad de deliciosos productos sicilianos, entre ellos vino, queso, miel, pistachos y conservas. También hay restaurante.

③ Via Etnea, Catania

MAPA G4

Tiendas de ropa de marca, así como pastelerías y cafés. En el Corso Italia se encuentran Emporio Armani y otras tiendas de diseñadores.

④ Le Colonne, Taormina

MAPA H3 ▪ Corso Umberto 164

La propietaria de esta joyería crea piezas con piedras antiguas, inspiradas en motivos históricos; también trabaja por encargo con diseños de los clientes *(ver p. 82)*.

⑤ Cantine Privitera, Gravina di Catania

MAPA G4 ▪ Via Nino Martoglio 33

En esta tienda se vende miel, vino, aguamiel, vinagre de miel, própolis y jabón.

⑥ Ceramiche dell'Artigianato Siciliano di Managò, Taormina

MAPA H3 ▪ Vico San Domenico 1/2

La cerámica siciliana del *signor* Managò incluye diseños de Caltagirone y Santo Stefano di Camastra.

⑦ Fratelli Laise, Lipari

MAPA G1 ▪ Corso Vittorio Emanuele II 188

Su selección de productos de las islas Eólicas incluye alcaparras, tomates secados al sol, miel, orégano y vino.

⑧ Mercados

En los pueblos de las laderas del Etna, como Fleri, los agricultores venden su propia producción en camiones.

⑨ La Torinese, Taormina

MAPA H3 ▪ Via Vicenza, 13

Desde 1936 La Torinese vende vinos de alta calidad y licores, huevas de atún, salami, miel y aceite de oliva.

⑩ Recuerdos del Etna

MAPA G3

La lava más *kitsch* se encuentra en la base del volcán (Etna Sud o Etna Nord). Ceniceros y figuras de animales de lava fundida, moldeada y bañada en brillo.

Recuerdos hechos de lava

Restaurantes

1 **Il Filippino, Lipari**
MAPA G1 ▪ Piazza Manzini
▪ 909 981 1002 ▪ €€

En funcionamiento desde 1910, esta marisquería de la plaza del Ayuntamiento sirve platos basados en la pesca del día.

2 **Osteria Nero d'Avola, Taormina**
MAPA H3 ▪ Piazza San Domenico 2b
▪ 094 2628874 ▪ Cerrado lu ▪ €€

Considerado un «embajador de los pequeños artesanos», el chef Turi ofrece producto local fresco en su restaurante *(ver p. 79)*.

3 **Chalet Clan dei Ragazzi, Linguaglossa**
MAPA G3 ▪ Linguaglossa
▪ 095 643611 ▪ €

Este chalé rústico de madera, enclavado a 1.500 m en la ladera norte del Etna, sirve comida sencilla y auténtica.

4 **Pepe Rosa, Bronte**
MAPA G3 ▪ Corso Umberto 226
▪ 095 7724476 ▪ Cerrado lu ▪ €€

Bronte es célebre por sus pistachos, que están presentes en todos los platos de este pequeño restaurante familiar.

5 **La Grotta, Acireale**
MAPA G3 ▪ Via Scalo Grande 46 ▪ 095 7648153 ▪ Cerrado ma cenas ▪ €€

Marisco fresco en Pepe Rosa

Este restaurante con solo seis mesas es uno de los favoritos por su pescado de primera. Es necesario reservar.

6 **Osteria Antica Marina, Catania**
MAPA G4 ▪ Via Pardo 29 ▪ 095 348197 ▪ Cerrado mi ▪ €€€

En el mercado de pescado, ofrece una selección de la pesca diaria. Se recomiendan las anchoas marinadas.

PRECIOS

Una comida de tres platos con media botella de vino (o equivalente), servicio e impuestos incluidos.

€ menos de 35 € ▪ €€ 35-70 € ▪ €€€ más de 70 €

Elegante comedor de La Capinera

7 **La Capinera, Taormina**
MAPA H3 ▪ Via Nazionale 177, Spisone, Taormina Mare ▪ 338 158 8013 ▪ Cerrado lu ▪ €€€

El restaurante de Pietro D'Agostino, es famoso por sus creativas recetas de pescado fresco y sus precios.

8 **Trattoria da Pina, Vulcano**
MAPA G1 ▪ Gelso ▪ 368 668 555 ▪ Cerrado med oct-Semana Santa ▪ €

Cocina eólica en una terraza de Gelso. Las vistas alcanzan el Etna.

9 **Ristorante Pizzeria Granduca, Taormina**
MAPA H3 ▪ Corso Umberto 172 ▪ 094 224983 ▪ €€

Esta pizzería tiene un hermoso jardín y ofrece bellas vistas del mar.

10 **Nangalarruni, Castelbuono**
MAPA E3 ▪ Cortile Ventimiglia 5 ▪ 092 1671228 ▪ Cerrado med ene: mi ▪ €€€

Buena cocina de montaña, como cerdo de Nebrodi.

Ver mapa en p. 108

🔟 Suroeste de Sicilia

Además de la belleza de los mosaicos de la Villa Romana y los templos de Agrigento, las playas de arena, las ruinas de ciudades griegas y los olivares conforman el paisaje de la costa suroeste de Sicilia. Enna domina los anchos valles de trigales y las aldeas campesinas aisladas coronan las colinas, y entre ambas se despliegan extensiones de ondulados campos o roquedales. Como consecuencia de la falta de infraestructuras y de la emigración masiva de la región, las aldeas han quedado casi como estaban hace un siglo.

Templo griego, Agrigento

SUROESTE DE SICILIA

Calatafimi · Camporeale · Villafrati · Caccamo · Colle
Gibellina Nuova · Roccamena ④⑥ · Montemaggiore Belsito · Torto
Gibellina Vecchia · Poggioreale · ③ Corleone · Vicari · Caltavuturo
Partanna · Sambuca di Sicilia · Bisacquino · ② Prizzi · Lercara Friddi · Alia · Valledolm
Menfi · Palazzo Adriano · Castronuovo di Sicilia · Vallelunga Pratameno
⑧ · ①⑧ · Burgio · Alessandria della Rocca · Cammarata · Mussomeli
Porto Palo · ⑦ · Castelltermini · ④ Sutera
⑤⑥ · Caltabellotta · San Biagio Platani · Milena · Serradifalco
Capo San Marco · ② Sciacca · Ribera · ⑦
Seccagrande · Cattolica Eraclea · Aragona · Racalmuto
⑩⑤ · Platani
Eraclea Minoa · ⑨ Montallegro
②⑩⑤⑧ · ① Agrigento · Favara · Canicattì · Deli
⑩ · San Leone · Naro · Naro
La Scala dei Turchi · Porto Empedocle · Campobello di Licata
Scoglio di Pietra Patella · Palma di Montechiaro ⑩
Marina di Palma
Mar Mediterráneo · ①
Licat

Sur de Sicilia

SICILIA
Zona del mapa principal

Pantelleria

Islas Pelagias · ⑧ Linosa
Lampedusa

TÚNEZ · 0 km — 100 · MALTA

Islas Pelagias 168 km

1 Agrigento y el Valle dei Templi

Este valle fue el corazón de una de las ciudades más importantes del mundo antiguo y un buen ejemplo del poder de la Magna Grecia *(ver pp. 32-35).*

2 Sciacca
MAPA C4

Dominado por el monte San Calogero y construido en una terraza natural con vistas al mar, Sciacca era el balneario de Selinunte y aún ofrece baños de azufre y barro. El pueblo cuenta con un puerto lleno de barcas azules y blancas, una próspera tradición alfarera y una llamativa mezcla de lo viejo y lo nuevo. Deténgase a admirar la Porta San Salvatore (1581), con sus relieves decorativos y

Vasija de Sciacca

el Palazzo Steripinto, de estilo gótico catalán. Por el Corso Vittorio Emanuele se llega a la Piazza A Scandaliato, que ofrece vistas del puerto, y también al Duomo, cuya fachada barroca muestra esculturas de Gagini.

3 Il Corleonese
MAPA C3

La zona que se extiende en torno a Corleone se conoce como Corleonese y es famosa por sus generosas provisiones de agua y su suelo fértil. Los pequeños pueblos que salpican el remoto paisaje merecen una visita para conocer una forma de vida que se resiste a cambiar. Visite Bisacquino, Palazzo Adriano, Cammarata, Mussomeli, Prizzi y el mismo Corleone, más moderno que los demás pero con un hermoso centro histórico.

4 Morgantina
MAPA F4 ▪ **Horario: 11.00-18.00 todos los días** ▪ **Se cobra entrada**

Los morganti, una tribu itálica, fundaron este enclave, que luego fue griego (siglo VI a. C.) y más tarde romano, y que no se descubrió hasta 1955. El bien conservado yacimiento comprende un ágora de dos plantas conectadas por una escalera de 14 peldaños, un *macellum* (mercado cubierto), un gimnasio, una fuente pública con doble cubeta, grandes piedras de molino de lava, residencias con suelos de mosaico, un teatro con aforo para 1.000 personas y dos hornos para cocer terracota.

Antiguo asentamiento de Morgantina

Playa de arena de Eraclea Minoa

5 Eraclea Minoa

MAPA C4 ▪ **Horario: 9.00-16.30 todos los días** ▪ **Se cobra entrada**

Las ruinas de esta ciudad griega dominan una amplia playa de arena, viñedos y olivares que crecen en suelo rocoso, y acantilados de arenisca. A medio camino entre Selinunte y Agrigento y en la frontera de los territorios cartaginés y griego, Eraclea Minoa sufrió disputas fronterizas. En la actualidad es un tranquilo lugar bien conservado. Desde el pequeño museo, unos acondicionados senderos conducen al teatro, tallado en la roca; al lado se sitúan los restos de las murallas defensivas con torres y el sector residencial, donde algunas viviendas de piedra local conservan la decoración original de los suelos y paredes. No se encuentra en la ruta turística habitual, de modo que la visita suele ser agradable.

Vista de Caltabellotta

6 Enna

MAPA E4

Dada su posición sobre una alta colina fácilmente defendible, Enna fue durante siglos prácticamente la única población que existía en el interior de la isla. Los griegos la llamaban "ombligo de Sicilia" y era clave para cualquiera que se propusiera tomar la isla. Estaba tan bien defendida que los árabes, tras intentar tomarla durante 20 años, decidieron acceder a ella por el sistema de alcantarillado. En el centro histórico destacan el Duomo gótico, con añadidos barrocos, y la iglesia de San Giovanni, con una cúpula árabe. También merece una visita el Museo Musical Art 3M.Considerada en otra época el centro geográfico de Sicilia, la torre octogonal de Federico tiene 24 m de altura y ofrece magníficas vistas. El Castello di Lombardia es una mezcla de arquitectura bizantina, árabe, normanda y sueva y uno de los castillos medievales más importantes de Sicilia (ver p. 48).

7 Caltabellotta

MAPA C4

Este pequeño pueblo, a 950 metros sobre el nivel del mar, tiene un encantador centro medieval. En 1090, la ya fortificada población fue arrebatada a los árabes por el conde Roger, que construyó la Chiesa Madre y fortificó el castillo, ahora en ruinas. Fue aquí donde Guillermo III, heredero del trono normando, y su madre fueron encarcelados y quizá asesinados en el año 1194 por Enrique VI; también fue el lugar donde se firmó el tratado de paz de 1302 entre Federico II de Aragón y Carlos de Valois, que puso fin a la insurrección popular en Sicilia (ver p. 42).

8 Islas Pelagias
MAPA B6

Son tres islas llanas aisladas en el Mediterráneo. Lampione está deshabitada, Linosa tiene suelo volcánico y aguas cristalinas. Lampedusa ha construido edificios modernos para la expansión turística, pero sigue siendo buena para nadar, bucear y ver tortugas marinas, delfines y ballenas (en mayo).

Mosaico de la Villa Romana del Casale

9 Villa Romana del Casale
Unos de los mejores mosaicos romanos que se conservan en el mundo cubren los suelos de esta lujosa villa de caza (ver pp. 30-31).

10 La Scala dei Turchi
MAPA D4

Popular destino turístico para los sicilianos, próximo a Realmonte. Una formación rocosa de marga así llamada por su puerto natural, que fue escondite frente a los invasores turcos en el siglo XVI. A las crestas del acantilado, esculpidas por los elementos, se accede a través de una entrada de piedra caliza. El camino puede estar resbaladizo.

NARANJAS Y OTROS CÍTRICOS

Los árabes introdujeron los cítricos en Sicilia y desde entonces han tenido una importancia capital para la economía de la isla. Hay limones, mandarinas y una extensa variedad de naranjas, desde las dulces hasta las agrias y desde las doradas hasta las purpúreas. Las plantaciones, de la zona de Ribera, se caracterizan por sus árboles pequeños con hojas de un verde oscuro, sus frutos brillantes y su intensa fragancia.

UNA TARDE EN CALTABELLOTTA

 Acérquese desde la bulliciosa Sciacca a pasar una agradable tarde en la aletargada **Caltabellotta.** Sáltese las afueras y deambule por las estrechas calles y placitas de **Terravecchia,** el centro medieval, que se extiende en una planicie bajo la **Chiesa Madre,** fundada por el conde Roger un año antes de tomar Palermo (ver pp. 12-13). Ha sido restaurada: se puede contemplar el portal de entrada, con arcos apuntados, y el campanario, que en su origen era una defensa árabe. El exterior sin adornos alberga una encantadora iglesia donde encontrará las obras de Gagini *Virgen de la Cadena, San Benedicto* y *Virgen con Niño.*

Al otro lado de la planicie, frente a la Chiesa Madre, se levanta la pequeña iglesia de **San Salvatore,** con su decoración en zigzag alrededor de la puerta.

Al norte de la iglesia, siga los peldaños cavados en la roca para subir al punto más alto del monte Castello. Recorra las ruinas del castillo del conde Roger, con su entrada gótica, y disfrute de una de las panorámicas más bellas de Sicilia. Hacia el sur se extiende la costa de **Agrigento** (ver pp. 32-35) y **Marsala** (ver p. 101).

De vuelta a Caltabellotta, recorra la Piazza Umberto I y tome la Via Roma, ya en la parte nueva, para disfrutar de la excelente cocina de montaña de **La Ferla** (ver p. 123).

Ver mapa en pp. 116-117

Dioses del inframundo

1 Deméter
El culto a la diosa madre, protectora de la agricultura y la fertilidad, es uno de los más antiguos en Sicilia. Cuando su hija Perséfone desapareció, Deméter vagó por la Tierra en su busca, ignorando los cultivos y provocando una hambruna.

Busto de Deméter, datado en 500-450 a. C.

2 Perséfone
La hija de Deméter y Zeus (también conocida como Koré y, para los romanos, Proserpina) era reina del inframundo y diosa de la fertilidad.

3 El rapto de Perséfone
Cuando cogía flores con sus amigas en los campos de Enna, Perséfone fue raptada por Hades y convertida en reina del inframundo.

Perséfone regresa a la Tierra

4 El retorno de Perséfone
Hades liberó a Perséfone a cambio de que comiera semillas de granada para asegurar su regreso al inframundo cuatro meses al año. Cuando ella reina junto a Hades, es invierno en la Tierra; cuando regresa trae la primavera.

5 Lago di Pergusa
Este lago natural al sur de Enna es el supuesto pasaje que comunica la superficie con el inframundo.

6 Santuario de Enna
El lugar de culto a Deméter y Perséfone se hallaba en Enna, en una piedra detrás del castillo. El templo tenía una estatua de la diosa madre (Deméter).

7 Ofrendas votivas del santuario de Enna
MAPA E4 ▪ Museo Archeologico, Palazzo Varisano, Piazza Mazzini ▪ Horario: 9.00-18.30 todos los días ▪ Se cobra entrada
Los objetos recuperados del santuario y el lago Pergusa se exponen en el Museo Arqueológico de Enna, incluidas las estatuillas votivas de Deméter.

8 Santuario de Deméter, Agrigento
Las deidades ctónicas eran veneradas en un santuario de Agrigento que hoy es la iglesia de San Biagio. Esta se levantó sobre un templo del siglo V a. C.; se conservan dos altares redondos.

9 Santuario de Morgantina
Deméter y Perséfone eran adoradas como protectoras de Morgantina. En el santuario se pueden ver pilas de purificación, altares para celebrar rituales y un pozo para ofrendas sagradas.

10 Santuario de Palma di Montechiaro
Tres estatuillas votivas del siglo VII a. C., de Deméter y Perséfone, se hallaron en el santuario de Palma di Montechiaro, entre Agrigento y Gela. Ahora se exhiben en el Museo Arqueológico de Siracusa.

Ver mapa en pp. 116-117

Las mejores vistas

1 Desde Caltabellotta
MAPA C4

Desde las ruinas del castillo normando de Caltabellotta *(ver p. 118-119)* se divisa la llana costa hacia Marsala y las colinas del interior, salpicadas de pueblos y granjas.

2 Prizzi
MAPA D3

Es uno de los pueblos más altos del Corleonese *(ver p. 117)* y cubre la cima de una colina como si se tratara de una *coppola* (boina de los campesinos).

3 Vistas desde Etna
MAPA E4

Desde la Piazza Crispi se contempla el profundo valle hasta Calascibetta, en la cima plana de una colina escalonada, y mirando hacia el interior, los remotos parajes del volcán Etna.

4 Sutera
En medio de las colinas de Sicania se divisan unas vertiginosas vistas del Mediterráneo y el Etna. La primavera es hermosa cuando hay de flores silvestres como zullas, amapolas o ranúnculos.

5 El Valle dei Templi por la noche
Los templos de Agrigento son románticos por la noche. Se ven desde cualquier lugar, pero quizá la mejor vista sea la que ofrece la terraza del restaurante Accademia del Buon Gusto, con el Templo de Concordia de fondo *(ver pp. 32-35)*.

6 El entorno de Il Corleonese
Vastas extensiones de terreno ondulado en torno a Il Corleonese se cubren de trigo, vides, olivos y alcachofas. Entre el verdor aparecen inesperadamente los colores carmesí de las zullas, los rojos de las amapolas y los amarillos intensos del hinojo, que alcanza alturas insospechadas *(ver p. 117)*.

7 Los valles cercanos a Enna
MAPA E4

Los enormes y fértiles *vallate* (valles) que rodean Enna están cubiertos de trigo y cambian de color según la estación: de verde exuberante, a amarillo pálido y negro.

8 La Rocca di Nadore
MAPA C4

Este risco de cima redondeada se levanta sobre Sciacca; su cara blanca y plana mira al mar y domina la costa. Se divisa desde Selinunte.

9 Desde Morgantina
Desde la zona residencial del antiguo asentamiento, en la colina oriental, se contempla el ágora y, más allá, el perfil del Etna *(ver p. 117)*.

10 Desde Eraclea Minoa
Desde las ruinas de Eraclea Minoa, en la cumbre de un acantilado de arenisca, se divisa la blanca arena de la playa y el oscuro mar *(ver p. 118)*.

Templo de Concordia

Productos locales

Viñedos, Regaleali

① Vino
Durante el siglo XX, muchos trigales y otros cultivos se sustituyeron por viñedos para producir caldos de calidad. Dos ejemplos son las propiedades de Regaleali *(ver p. 75)*, cerca de Vallelunga, y Planeta, cerca de Sambuca di Sicilia.

② Naranjas
Ribera es famosa por su producción de la galardonada variedad de naranja Washington, introducida por emigrantes que regresaron de Norteamérica.

③ Productos de cooperativa
En Corleone y sus alrededores *(ver p. 117)*, varias cooperativas bajo la protección de Libera Terra cultivan tierras confiscadas a la mafia para crear puestos de trabajo y fortalecer la economía de la zona. Se cultiva trigo para la pasta, uvas para el vino, y fruta, y se produce queso y miel.

④ Conservas de pescado
El atún en conserva fue un producto de primera necesidad durante siglos en los barcos que navegaban por el Meditérraneo. Hoy, las conservas de atún, sardinas y anchoas constituyen un importante negocio. En Sciacca se procesan a mano y se enlatan con sal o aceite de oliva para exportarlas.

⑤ Aceite de oliva
Ciudades como Castelvetrano y Trapani son famosas por sus aceitunas. La cosecha comienza en octubre y las primeras aceitunas se prensan para conseguir aceite de oliva virgen extra, disponible a finales de noviembre. Muchas poblaciones celebran la nueva temporada con degustaciones.

⑥ Pescado
Numerosos pueblos pesqueros jalonan la costa meridional de Sicilia, con centros en las poblaciones de Licata, Porto Empedocle y Sciacca.

⑦ Trigo
El interior de la isla estuvo organizado en *latifondi* hasta el siglo XX. Hoy inmensos valles y colinas están dedicados al cultivo del característico trigo siciliano, *grano duro (ver p. 77)*.

⑧ Queso
Sicilia es famosa por sus quesos, tanto de leche de vaca como de oveja. Busque el fuerte Caciocavallo Ragusano, el azafranado Piacentino di Enna o el suave Vastedda del Belice.

⑨ Habas
Las alargadas leguminosas se cultivan cerca de Enna. Se comen con aceite de oliva o en sopa.

⑩ Alcachofas
Un alimento básico de la cocina siciliana, la alcachofa está en primavera en su mejor momento. El pueblo de Cerda organiza una feria de tres días en abril.

Alcachofas a la venta

Restaurantes

① La Madia, Licata
MAPA E5 ▪ Corso F Re Capriata
~~2~~ ▪ 092 2771443 ▪ Cerrado ma y do
▪ €€€

El chef Pino Cuttaia emplea ingredientes de temporada en su pequeño restaurante con dos estrellas Michelin de Licata *(ver p. 79)*.

② Trattoria dei Templi, Agrigento
MAPA D4 ▪ Via Panoramica dei Templi 15 ▪ 092 2403110
▪ €€

Esta *trattoria* familiar ofrece un excelente menú siciliano. Se recomienda la pasta con pez espada y menta.

Pasta alla Norma

③ Ristorante Pomara, San Michele di Ganzaria
MAPA F4 ▪ Via Vittorio Veneto 84
▪ 093 3978143 ▪ €€

El fogón de piedra de este restaurante es donde se asan los quesos, las verduras y las carnes que acompañan a platos como la pasta con pistachos.

④ Ristorante Gennaro, Corleone
MAPA C3 ▪ Corso Dei Mille 132
▪ 091 8464767 ▪ Cerrado lu ▪ €

Regentado por una pareja, este restaurante sirve cocina tradicional siciliana y pizzas, junto con cerveza artesana.

⑤ Osteria il Grappolo, Sciacca
MAPA C4 ▪ Via Conzo 9/A ▪ 092 85294 ▪ Cerrado lu ▪ €€

Platos sicilianos hechos con productos del huerto familiar y pescado fresco.

⑥ Porto San Paolo, Sciacca
MAPA C4 ▪ Largo San Paolo 1
092 527982 ▪ Cerrado mi y 24 dic
▪ €€

En su carta figuran las capturas del día al estilo mediterráneo. Las mesas de la terraza dan al puerto de Sciacca.

PRECIOS
Una comida de tres platos con media botella de vino (o equivalente), servicio e impuestos incluidos.
....
€ menos de 35 € €€ 35-70 € €€€ más de 70 €

⑦ La Lanterna, Milena
MAPA D4 ▪ Corso Pietro Nenni
8 ▪ 093 4933478 ▪ Cerrado lu ▪ €
Esta *trattoria* sirve comida tradicional siciliana. Pruebe el menú.

⑧ La Ferla, Caltabellotta
MAPA C4 ▪ Via Roma 29 ▪ 092 5951444
▪ Cerrado lu ▪ €
Lugar favorito de los residentes con magníficas vistas. Destacan las alcachofas asadas y los quesos.

⑨ Capitolo Primo del Relais Briuccia, Agrigento
MAPA D4 ▪ Via Trieste 1, Montallegro
▪ 092 2847755 ▪ Cerrado lu ▪ €€€
Versiones de platos sicilianos con ingredientes como hinojo silvestre o azafrán.

Capitolo Primo del Relais Briuccia

⑩ Ruga Reali, Agrigento
MAPA D4 ▪ Cortile Scribani 8
▪ 092 220370 ▪ Cerrado do ▪ €
Osteria popular entre los habitantes especializada en pescados. El edificio del siglo XV alberga un patio en el que se puede comer al aire libre.

Ver mapa en pp. 116-117 ←

TOP10 Sureste de Sicilia

El paisaje del sureste siciliano es diferente del que caracteriza al resto de la isla; aquí los estratos de caliza blanca cubiertos de maleza se interrumpen con gargantas escarpadas y muretes de piedras. Los restos griegos y romanos de Siracusa son espectaculares, mientras que Caltagirone, Modica, Noto, Palazzolo Acreide, Ragusa y Scicli han sido declarados Patrimonio de la Humanidad por su arquitectura barroca y sus diseños urbanísticos. También hay un renacimiento gastronómico de la zona. El marisco de las zonas costeras y la carne, el queso y las verduras del interior son utilizados por los cocineros jóvenes, conscientes de que las viejas tradiciones e incluso ingredientes están en peligro de extinción. Están volviendo a las raíces y trabajan para revitalizar y preservar la clásica cocina regional.

Decoración barroca

SURESTE DE SICILIA

🔟 Imprescindible	① Lugares de interés
ver pp. 125-127	de Ortigia ver p. 130
① Restaurantes	① Museos etnográficos
ver p. 131	ver p. 129
① Y además…	
ver p. 128	

0 kilómetros   15

▶La espectacular ubicación de Ragusa Ibla

1 Noto

Noto fue reconstruido en estilo barroco tras el terremoto de 1693. La toba utilizada ha tomado un color dorado. Hay calles anchas y llenas de *piazzas* y *piazzetas* para reunirse y hacer la *passeggiata* (ver pp. 28-29).

2 Ragusa
MAPA F5

Ragusa la fundaron los sículos con el nombre de Hybla Heraia. Tras el terremoto de 1693, la mitad de la población la reconstruyó en la cresta (Ragusa), mientras que la otra mitad reformó la vieja aldea (Ragusa Ibla). Ibla se encuentra en una ubicación espectacular y sus edificios cuelgan de un acantilado. El Duomo se halla al final de una escalera en pleno corazón de la ciudad, mientras que la iglesia ovalada de San Giuseppe ofrece otra fachada barroca.

Teatro griego, Palazzolo Acreide

3 Palazzolo Acreide
MAPA G5

Esta población barroca fue en su origen una colonia de la Siracusa griega, fundada en 664 a. C. Cerca de la ciudad, el teatro griego de 600 asientos se conserva bien, aunque los templos de Perséfone y Afrodita están en ruinas. A un paso del casco antiguo se encuentra I Santoni, un santuario dedicado a Cibeles (ver p. 58).

4 Modica
MAPA G6

Reconstruida después de 1693 entre dos profundas gargantas, esta localidad está dividida en dos: Modica Alta y Modica Bassa. Fundada por los sículos, cayó bajo dominio español, ya que fue capital de un estado seudoautónomo gobernado por los barones españoles. El animado Corso Umberto I, con cafés, *boutiques,* pastelerías, varios palacios y un teatro, atraviesa Modica Bassa. También en esta calle se encuentra el monumental tramo de escaleras con estatuas barrocas de los apóstoles que lleva a la iglesia construida después de 1693 y dedicada a san Pedro. Arriba, en Modica Alta, el Duomo barroco de San Giorgio se atribuye Gagliardi.

Necrópolis de Pantalica

5 Necrópolis de Pantalica
MAPA G5

Pantalica era el corazón de la antigua Hybla, conocida por su llamativa cerámica roja barnizada, con algunas muestras que se pueden contemplar en Siracusa. El río Anapo abrió una garganta en la piedra caliza, dando espacio a la necrópolis más extensa de Sicilia, con más de 8.000 tumbas. Un sendero pasa por delante de miles de sepulturas cavadas en las paredes de la garganta y por los restos de un asentamiento medieval. En la zona hay orquídeas silvestres, conejos, puercoespines y halcones.

6 Scicli
MAPA F6

Dominado por un alto acantilado, Scicli fue un puesto avanzado de los barones españoles durante su largo gobierno

---

LOS ALGARROBOS

Los enormes *carrubi* (algarrobos) son característicos del sureste de Sicilia. Estos árboles dan vainas con semillas pequeñas y duras: las algarrobas. Las semillas, increíblemente compactas, son los quilates originales, que se usaban para pesar las piedras preciosas. Su dulce pulpa se emplea en platos de pasta y dulces. El antes llamado "chocolate de los pobres" es ahora un preciado ingrediente para los chefs.

---

en Modica. Desde la ancha Piazza Italia, la Via Nazionale y pasa por el Palazzo Beneventano, cuya decoración escultórica ha sufrido la acción de los elementos. La calle continúa hacia la agradable Piazza Busacca, en el límite del viejo barrio residencial, con sus callejones y sus tejados de terracota.

7 Caltagirone
MAPA F4

Su nombre procede del árabe Cal'at Ghiran (castillo de vasijas). Y es que la cerámica siempre ha sido la principal industria de este lugar, una tradición documentada en el Museo della Ceramica local. Es un placer deambular por este pueblo barroco construido sobre una colina, con sus callejones, cafés y tiendas de cerámica. Una escalera construida en 1608 lleva hasta la iglesia de Santa Maria del Monte.

Escaleras de Santa Maria del Monte

8 Grammichele
MAPA F5

Localidad construida por el príncipe de Butera tras el terremoto de 1693 para alojar a los campesinos de la asolada villa de Occhiolà, cuyas ruinas aún pueden visitarse hoy en día. Diseñada con un plan magistral inspirado en los ideales matemáticos renacentistas, tiene una estructura radial hexagonal que parte de la Piazza Umberto I, la cual alberga residencias privadas, palacios, la Chiesa Madre y el ayuntamiento.

Fachada de la catedral de Siracusa

9 Siracusa
Los restos de la ciudad más poderosa de la Magna Grecia constituyen uno de los lugares de mayor interés para el visitante. El pequeño centro histórico de Ortigia *(ver p. 130)* es uno de los cascos urbanos más agradables de la isla *(ver pp. 24-27)*.

10 Avola
MAPA G5

Esta ciudad, capital del cultivo de almendras en Italia, también da su nombre a uno de los vinos tintos más famosos de los elaborados en Sicilia. Avola fue ciudad esencialmente greco-romana y se encuentran objetos de estas épocas en la pequeña villa romana y dolmen megalítico. Frente al mar Jónico, es una encantadora población con pintorescos edificios barrocos y playas de arena. Visite la reserva natural de Cava di Cassibile, hogar de una especie rara de orquídea.

UN DÍA EN MODICA Y RAGUSA IBLA

▶ MAÑANA

Pase la mañana en **Modica**, donde se puede parar en la **catedral o San Giorgio de Modica Alta** *(ver p. 47)* de camino a la ciudad. En Modica Bassa visite la igualmente espléndida iglesia de **San Pietro**, de estilo barroco siciliano. Baje por el Corso Umberto I hacia el Duomo di San Giorgio; la calle está jalonada de cafés, tiendas y edificios que conservan partes anteriores al terremoto. Pare en **Antica Dolceria Bonajuto** *(Corso Umberto I, 159)*, la fábrica de chocolate más antigua de Sicilia, para degustar y comprar una amplia gama de dulces tradicionales de Modica, incluyendo *'mpanatigghi (ver p. 81)*.

Siga la SS 115 hasta Ragusa *(ver p. 125)*. Por el camino atravesará un viaducto, que es uno de los más altos de Europa, hasta llegar a una fértil tierra de limoneros y algarrobos. Puede conseguir un plano en la oficina de información de los Giardini Iblei. Justo al lado se encuentra el **Ristorante Duomo** *(ver p. 131)*.

TARDE

Pase la tarde deambulando por **Ragusa Ibla** *(ver p. 125)* y visite el **Duomo di San Giorgio** y la iglesia de **San Giuseppe**. Puede observar la fachada barroca del Duomo desde la animada plaza mientras degusta un helado de vino siciliano de **Gelati DiVini** *(Piazza Duomo 20)*. Por último no hay que dejar de recorrer los estrechos callejones, conectados mediante escaleras y túneles, para vivir una inolvidable Ragusa Ibla.

Ver mapa en pp. 124-125

Y además...

Noto Antica
MAPA G5

Al noroeste de Noto yacen las evocadoras ruinas del viejo emplazamiento anterior al terremoto. Construido en una árida cresta de caliza, el enclave tiene vistas de la llanura y el Etna. Bajo el implacable sol siciliano, los cardos de flor púrpura y la hierba perfuman el ambiente.

Viviendas en cuevas, Noto Antica

Vendicari
MAPA G6

En esta reserva, el maquis, la vegetación típica de la zona, está compuesto por tomillo, romero y enebro. Los humedales acogen a aves migratorias como la garza, la garceta y el flamenco.

Giarratana
MAPA G5

Las estrechas calles de esta ciudad situada en medio del Monte Iblei están jalonadas de viviendas, palacios e iglesias. Las típicas puertas bajas protegen de los fríos vientos de invierno.

Megara Iblea
MAPA G5

Vestigios de una población costera fundada en el año 728 a. C. por los colonos griegos de Megara, cerca de Atenas.

Río Ciane
MAPA G5

Se dice que el manantial de este río está formado por las lágrimas de la ninfa Ciane, que trató de prevenir a Perséfone antes de ser raptada. Las orillas están llenas de papiro. Los paseos en barco llegan a Olympieion.

Cueva d'Ispica
MAPA G6

Un río abrió esta garganta, que ahora es un parque con excelentes senderos. Las paredes se horadaron para alojar tumbas y celdas de eremitas; en una de las cuevas hay un fresco bizantino de la Virgen.

Marzamemi
MAPA G6

Este pequeño pueblo pesquero creció en torno a la pesca del atún y a la villa de la familia Villadorata. Se le han añadido elementos de un moderno complejo turístico, como discotecas.

Lentini
MAPA G4

Las excavaciones de esta pequeña pero importante antigua colonia griega merecen una visita.

Sampieri
MAPA F6

Playas de arena rodean lo que antiguamente fue una pequeña población pesquera. Se accede a las playas de Punta Pisciotto por una carretera que sale de Fornace Penna, unos hornos de ladrillo abandonados.

Castello Euríalo
MAPA G5

Este castillo militar griego se construyó en 402 a. C. y destaca por su torreón de 15 metros. Recorra el camino de la cara norte para disfrutar de las vistas del fuerte y de la costa *(ver p. 25)*.

Fortificaciones del Castello Euríalo

Museos etnográficos

1 Museo del Tempo Contadino, Ragusa
MAPA F5 ▪ Palazzo Zacco, Via San Vito 158 ▪ Horario: 9.00-13.00 lu, mi y vi; 9.00-17.00 ma y ju ▪ Se cobra entrada
El Palazzo Zacco alberga una colección de utensilios de cocina y de granja, junto con bordados y encajes.

2 I Luoghi del Lavoro Contadino, Buscemi
MAPA G5 ▪ Via Libertà 10 ▪ 0931 878528 ▪ Horario: 8.30-13.30 lu-sá; 9.00-13.00 (con cita previa) do y festivos ▪ Se cobra entrada
Se han conservado fielmente ocho talleres y espacios habitables.

I Luoghi del Lavoro Contadino

3 Casa-Museo di Antonino Uccello, Palazzolo Acreide
MAPA G5 ▪ Via Machiavelli 19 ▪ Horario: 9.00-19.00 todos los días ▪ Se cobra entrada
Este museo (ver p. 51) expone utensilios hechos a mano por campesinos sicilianos.

4 Mulino ad Acqua Santa Lucia, Palazzolo Acreide
MAPA G5 ▪ Valle dei Mulini 10 ▪ Abierto solo con cita previa ▪ 0931 878528 ▪ Se cobra entrada
Antiguo molino de agua equipado con piedras de molino aún activas.

5 Centro di Documentazione della Vita Popolare Iblea, Buscemi
MAPA G5 ▪ Via Vittorio Emanuele ▪ Horario: 8.30-13.30 lu-sá ▪ Se cobra entrada
Este centro alberga 180 horas de filmaciones y 12.000 impresos que documentan la vida agrícola.

6 Museo del Costume, Scicli
MAPA F6 ▪ Via Francesco Mormina Penna 65 ▪ Horario: 10.00-18.00 todos los días
Este museo está consagrado a mantener viva la historia de las comunidades de las montañas de Iblea.

7 Museo della Civiltà Contadina Iblea, Floridia
MAPA G5 ▪ Piazza Umberto I, 27 ▪ Horario: 17.30-20.30 lu-vi; con cita previa sá y do ▪ Se cobra entrada
Se exponen molinos de trigo y aceitunas, telares y herramientas procedentes de las casas de los granjeros de toda la campiña de Iblea.

8 Museo del Ricamo e dello Sfilato, Chiaramonte Gulfi
MAPA F5 ▪ Via Laurea 4 ▪ Horario: 8.30-13.30 lu-vi, 9.30-18.00 sá, do y festivos ▪ Se cobra entrada
Se exponen telares e instrumentos para la producción de hilo y ropa.

9 A Casa do Fascitraru, Sortino
MAPA G5 ▪ Via Gioberti 5 ▪ Abierto con cita previa ▪ 093 1952992 ▪ Se cobra entrada
Sortino es famosa por su tradición en la obtención de miel. Este museo expone instrumentos de apicultura.

10 Museo del Papiro "Corrado Basile", Siracusa
MAPA H5 ▪ Via Nizza, 14 ▪ Los horarios varían, llamar antes ▪ 093 122100
Las exposiciones ponen de relieve la importancia histórica y cultural del papiro en la vida siracusana y siciliana.

Ver mapa en pp. 124-125

Lugares de interés de Ortigia

(1) Ortigia
MAPA H5
Esta pequeña isla contiene una mezcla de templos, iglesias, plazas, bares, mercados y tiendas.También tiene un alegre ambiente nocturno.

(2) Templo de Apolo
En el Largo XXV Luglio se hallan los restos del templo dórico de Apolo. Levantado en el 575 a. C., fue el primer templo en Sicilia con columnata exterior de piedra. Se conservan dos columnas de arenisca *(ver p. 25)*.

(3) Duomo
Es uno de los edificios más espectaculares de Sicilia. La fachada barroca da a un templo dórico del siglo V a. C., que fue transformado en iglesia en el siglo VII (las columnas dóricas monolíticas se aprecian con claridad).

(4) Piazzetta San Rocco
Esta plaza y las calles que la rodean son el centro de la vida nocturna de Ortigia.

(5) Via Maestranza
Las familias nobles construyeron sus palacetes en esta calle, incorporando a menudo viejas estructuras; ahora está llena de *boutiques* y restaurantes.

(6) Piazza del Duomo
Las excavaciones hallaron aquí restos de viviendas sículas del siglo VIII a. C. Alrededor de esta plaza están el Duomo, el ayuntamiento (construido sobre un templo jónico consagrado a Artemisa) y algunos cafés.

(7) El barrio griego
Las seis calles que se extienden entre la Via della Giudecca y la Via GB Alagona siguen la planificación griega. La brisa seca las coladas en las casas medievales.

(8) Fonte Aretusa
La mítica Aretusa *(ver p. 43)* fue convertida en fuente y todavía borbotea en Ortigia. En el Lungomare Alfeo, una terraza domina la fuente, que ahora vierte su agua en un estanque con patos y altos papiros.

(9) Castello Maniace
■ 093 14508211 ■ Horario: 8.30-19.30 ma-vi, 8.30-13.30 do, lu y festivos ■ Se cobra entrada
Federico II construyó este castillo alrededor de 1239. Toma su nombre del bizantino Jorge Maniakes, que liberó Siracusa de los árabes en el siglo XI.

(10) Mercado
Via del Mercato y Via Trento
■ Lu-sá mañana
Pintoresco mercado lleno de vendedores proclamando las excelencias de su género. Los granjeros y pescadores amontonan mejillones, tomates, cerezas y cualquier producto que pueda interesar al cliente.

Piazza del Duomo, Ortigia

Restaurantes

1 Ristorante Duomo, Ragusa Ibla

MAPA F5 ■ Via Capitano Bocchieri 31 ■ 093 2651265 ■ Cerrado ene-med mar, lu mediodía y do ■ €€€

El cocinero Ciccio Sultano escoge los ingredientes locales de manera experta. La comida tradicional de Ragusa se sirve en un elegante comedor *(ver p. 79)*.

2 Singola, Modica

MAPA G6 ■ Via Risorgimento 88 ■ 093 2904807 ■ Cerrado lu mediodía y ma ■ €€

Singola utiliza ingredientes frescos de la zona, ecológicos siempre que es posible, en sus creativos platos veganos y vegetarianos. Muy buen ambiente.

3 Ristorante Fidone Maria, Frigintini

MAPA G5 ■ Via Gianforma 6 ■ 093 2901135 ■ Cerrado lu ■ €

Esta *trattoria* familiar cercana a Ragusa es muy apreciada y sirve únicamente comida casera. Todo excelente *(ver p. 78)*.

4 Ristorante Crocifisso, Noto

MAPA G5 ■ Via Principe Umberto 48 ■ 093 1968608 ■ Cerrado ma ■ €€€

Ofrece recetas como *coniglio stimperata* (conejo agridulce), *ricotta* frito y *ravioli* con ragú de cerdo.

5 Sakalleo, Scoglitti

MAPA F5 ■ Piazza Cavour 12 ■ 093 2871688 ■ €€

El menú depende del pescado que traigan los barcos ese día. A veces, el animado propietario toma un vaso de vino con sus clientes.

6 Majore, Chiaramonte Gulfi

MAPA F5 ■ Via Martiri Ungheresi 12 ■ 093 2928019 ■ Cerrado lu ■ €

Disfrute de variadas especialidades de los montes Ibleos en este popular restaurante *(ver p. 78)*.

Pescado en La Darsena da Ianuzzo

7 La Darsena da Ianuzzo, Siracusa

MAPA H5 ■ Riva Garibaldi 6, Ortigia ■ 331 3422000 ■ Cerrado mi ■ €€€

Su comedor y su terraza frente al mar son ideales para disfrutar de pescado fresco.

8 Accursio, Modica

MAPA G6 ■ Via Grimaldi 41 ■ 093 2941689 ■ Cerrado do cenas, ma mediodía y lu ■ €€€

Un restaurante con una estrella Michelin que ofrece cocina siciliana creativa *(ver p. 79)*.

9 Mezzaparola, Donnalucata

MAPA F6 ■ Via Martiri D'Ungheria 2 ■ 093 2937474 ■ Cerrado mi y vi mediodía ■ €€

Está en un porche frente al muelle. Especializado en pescado fresco y sardinas fritas (especialidad local).

10 La Cialoma, Marzamemi

MAPA G6 ■ Piazza Regina Margherita 23 ■ 093 1841772 ■ Cerrado dic-may: ma; nov ■ €€€

Ofrece una carta basada en el pescado y una selección de vinos, además de música en directo en verano *(ver p. 78)*.

Ver mapa en pp. 124-125 ←

Datos útiles

Vistosos platos tradicionales sicilianos pintados

Cómo llegar y moverse

Llegada en avión

Sicilia tiene cuatro aeropuertos de rango internacional, en Catania, Palermo, Trapani y Comiso. Los cuatro están muy bien conectados con sus centros urbanos y con otras poblaciones más pequeñas. El **aeropuerto de Catania-Fontanarossa** está a 6 km del centro. El servicio de lanzadera de **Alibus** es la mejor manera para ir al centro. Los billetes se adquieren a bordo. Compañías de autobuses como **Ast, Sais y Etnabus** salen de la terminal de llegadas hacia otras localidades. Los taxis al centro de la ciudad cuestan 25 €.

El **aeropuerto Falcone-Borsellino** de Palermo se halla a 35 km del centro de la ciudad. El servicio de autobús **Prestia e Comandè** llega al centro en 40 minutos; los billetes se compran *online* o a bordo. Un taxi al centro urbano cuesta un mínimo de 50 €. Hay dos trenes por hora entre el aeropuerto y la estación central de Palermo, que cubren el recorrido en 60 minutos.

La costa oeste de Sicilia tiene como referencia el **aeropuerto de Trapani-Birgi.** La compañía Ast gestiona un servicio de lanzadera al centro de la ciudad. Los taxis cuestan un mínimo de 30 €.

El **aeropuerto de Comiso-Pio La Torre** es el que da servicio al sureste de la isla. La empresa de autobuses **Tumino** opera un servicio a Ragusa, con paradas en otras localidades. Ast y Etnabus viajan a otros destinos en el sureste. Los taxis a Ragusa cuestan un mínimo de 45 €. Sicilia tiene dos aeropuertos para vuelos domésticos: el de **Pantelleria** y el de **Lampedusa.**

Viajes de tren internacionales

Si está pensando llegar a Sicilia en un tren desde otro país, considere que cruzar la península itálica supone al menos 14 horas. Si es posible, reserve una cabina, y no olvide que los trenes pueden estar saturados en temporada alta.

Al llegar a Villa San Giovanni, el tren aborda un ferri y a los pasajeros se les pide que se apeen, incluso en viaje nocturno; asegúrese de llevar sus pertenencias con usted.

Se pueden comprar billetes para viajes entre Italia y el resto de Europa a través de **Eurail** o **Interrail.** Sin embargo, según la compañía ferroviaria con la que viaje, quizá deba pagar una tarifa de reserva adicional. Compruebe la validez de su pase con suficiente antelación.

Trenes regionales

Dada la difícil orografía de la isla, algunas zonas no son accesibles en tren, y las pocas líneas en esas áreas pueden ser poco fiables. Pese a todo, los trenes son más confortables que el autobús y ofrecen magníficas vistas de algunas de las zonas más bonitas de Sicilia. Las principales líneas están gestionadas por **Trenitalia,** la compañía ferroviaria estatal. Los billetes se pueden comprar *online,* pero deben ser validados en los tornos de acceso a los andenes, salvo si se tiene billete electrónico con código PNR. Viajar sin billete puede acarrear importantes sanciones.

Las dos principales líneas férreas en la isla conectan Messina y Siracusa vía Catania, y Messina y Palermo a través de la costa norte. Un ramal de la línea Messina-Palermo se desvía hacia el sur en Termini Imerese para llegar a Agrigento. Otra línea conecta Palermo con Trapani. Al norte de Catania, la compañía privada **Ferrovia Circumetnea** rodea el Etna en una ruta panorámica.

Tanto en la línea Messina-Palermo como en la línea Siracusa-Messina probablemente haya que pagar un *supplemento rapido,* un cargo que se aplica a los trenes rápidos o expresos. Los billetes tienen una validez de 2 a 4 horas, dependiendo de la distancia a recorrer.

Transporte público

Los autobuses urbanos en las ciudades son fiables y fáciles de usar. En Palermo el transporte urbano lo gestiona **AMAT,** en Catania **AMT** y en Messina **ATM.** En las páginas web de estas empresas se informa sobre medidas de higiene y seguridad, horarios, billetes, tarifas e itinerarios.

Los billetes se compran en estancos *(tabacchi)*, en quioscos de prensa *(edicola)* o en quioscos específicos, que cuentan con planos de transporte. Los billetes son válidos para 90 o 120 minutos, y deben validarse en las máquinas amarillas que incorporan los autobuses. Los billetes de un día, muy baratos, son la mejor opción para los visitantes.

Autobuses de larga distancia

Hay tres líneas –**SAIS**, **AST** y **Etna Trasporti**– que cubren la isla entera, y empresas como **Flixbus** conectan la isla con el resto de Italia. Hay paradas en todas las ciudades y localidades importantes, pero los servicios normalmente no son directos, por lo que deberá hacer uno o dos trasbordos para llegar a destino. El autobús es el medio más utilizado por muchos sicilianos, sobre todo estudiantes y trabajadores que van desde zonas apartadas y sin conexión ferroviaria hasta las ciudades. Las tarifas son razonables. Los billetes para estos autobuses *(pullman* o *corriera)* normalmente se pueden comprar a bordo.

Los autobuses suelen salir de la estación de tren o de la plaza central de la población. En zonas rurales, hay que comprobar los horarios y las particularidades de las compañías locales.

Taxis

Los taxis no se deben parar en la calle; tómelo en una parada oficial (normalmente en la estación o cerca de lugares turísticos) o resérvelo por teléfono. Si reserva por teléfono, el taxímetro correrá desde el momento de su llamada.

Los taxis oficiales son blancos y llevan un distintivo con la palabra taxi en el techo y el número de licencia en las puertas. Cada pieza de equipaje tiene un recargo, así como las carreras entre las 22.00 y las 7.00 en domingos y festivos, y los traslados a y desde los aeropuertos. **Radiotaxi Catania, Radiotaxi Messina** y **Radiotaxi Palermo** son de confianza.

INFORMACIÓN

LLEGADA EN AVIÓN

Aeropuerto de Catania-Fontanarossa
w aeroporto.catania.it

Aeropuerto de Lampedusa
w aeroportodilampedusa.com

Aeropuerto de Pantelleria
w aeroportodipantelleria.it

Aeropuerto de Trapani-Birgi
w airgest.it

Aeropuerto Falcone-Borsellino
w gesap.it

Aeropuerto de Comiso-Pio La Torre
w aeroportodicomiso.eu

Alibus
w sitabus.it

Ast
w aziendasicilianatrasporti.it

Etnabus
w etnatrasporti.it

Prestia e Comandè
w prestiaecomande.it

Sais
w saisautolinee.it

Tumino
w tuminobus.it

VIAJES DE TREN INTERNACIONALES

Eurail
w eurail.com

Interrail
w interrail.eu

TRENES REGIONALES

Ferrovia Circumetnea
w circumetnea.it

Trenitalia
w trenitalia.com

TRANSPORTE PÚBLICO

AMAT (Palermo)
w amat.pa.it

AMT (Catania)
w amt.ct.it

ATM (Messina)
w atmmessinaspa.it

AUTOBUSES DE LARGA DISTANCIA

AST
w aziendasicilianatrasporti.it

Etna Trasporti
w etnatrasporti.it

Flixbus
w flixbus.it

SAIS
w saisautolinee.it

TAXIS

Radiotaxi Catania
C 095 8833

Radiotaxi Messina
C 090 6505

Radiotaxi Palermo
C 091 6878

En coche

Moverse en coche es la opción ideal para quienes deseen conocer las áreas más apartadas de Sicilia. Asegúrese de llevar sus documentos en regla: la policía *(carabinieri)* hace controles rutinarios.

El trayecto a Sicilia desde Roma lleva unas ocho horas, seis desde Nápoles. Los ferris que admiten coches cruzan con regularidad el estrecho de Messina y el cruce dura una hora, incluyendo tiempos de espera y la subida a bordo.

Si se llega con un vehículo desde España, se deben llevar los documentos de registro del vehículo y el permiso del conductor. Muchos pueblos y ciudades aplican Zona de Tráfico Limitado **(ZTL).** Para evitar multas, lo mejor es consultar el **Reglamento de Acceso Urbano en Europa.**

Sicilia tiene un buen sistema de carreteras que llega a todas las ciudades principales; la mayoría son libres. Las autopistas *(autostrade)* sí suelen ser de pago; el peaje se paga a la salida. Evite peajes usando las carreteras nacionales *(strade nazionali),* o las secundarias *(strade statali).* Aunque menos rápidas, suelen cruzar parajes más bonitos y le permitirán hacer paradas interesantes en ruta.

Las llamadas carreteras blancas *(strade bianche)* tienen una superficie de grava compactada. A menudo son empinadas y estrechas, pero aptas para el coche. Infórmese previamente sobre el estado de las carreteras.

La página web de **ViaMichelin** ofrece mapas y rutas que pueden ser de mucha ayuda.

Alquiler de coches

Para alquilar un coche en Sicilia hay que ser mayor de 21 años (algunas empresas exigen una edad mínima de 25 años) y un permiso de conducir de más de un año de antigüedad.

Los permisos de conducir emitidos por cualquier país de la UE son válidos en Italia. Si el permiso es de fuera de la UE, hay que presentar una licencia internacional. Las compañías señeras de alquiler de coches tienen oficina en los aeropuertos y en las ciudades más grandes de la isla.

Normas de circulación

Es obligatorio el cinturón de seguridad y el uso del móvil al volante es objeto de multas elevadas. Italia tiene un límite estricto de alcohol en sangre al volante *(ver p. 139).* Las luces de posición son obligatorias durante el día en las autovías y en todas las carreteras fuera de la ciudad. Hay que llevar un triángulo rojo de señalización, chalecos fluorescentes y rueda de repuesto en todo momento. En caso de accidente o avería, hay que poner las luces de emergencia y colocar el triángulo a 50 m de la trasera del vehículo.

En caso de avería se puede llamar a **ACI** (116) o a los servicios de emergencias (118). La ACI llevará cualquier vehículo de matrícula extranjera al taller afiliado más cercano sin ningún coste.

En las ciudades más grandes, como Palermo o Catania, es recomendable dejar el vehículo en un aparcamiento vigilado, sobre todo si tiene dentro algo de valor. Si aparca en la calle, compruebe si la zona es gratuita o de estacionamiento regulado, para evitar multas.

Autostop

Hacer dedo, o autostop, es ilegal en las autovías, pero en zonas rurales es bastante común que los mochileros y turistas jóvenes lo hagan. Valore su propia seguridad al entrar en el vehículo de un desconocido.

En ciclomotor

Un ciclomotor ofrece más libertad que un coche, pero el tráfico imposible de Palermo o Catania exige nervios de acero. Si se atreve, **Rental Motor Bike** tiene buenas ofertas en casi todas las ciudades.

En bicicleta

Las carreteras del interior de Sicilia son tranquilas y apropiadas para el ciclismo. Hay muchas rutas panorámicas por la costa y alrededor del Etna. Sin embargo, los conductores sicilianos no están acostumbrados a los ciclistas. Cascos y ropa reflectante no son obligatorios, pero se recomiendan. En ciudades como Siracusa y Ragusa hay zonas libres de coches. **Sicily Cycling** ofrece mapas de las mejores rutas ciclistas.

Social Bike Palermo ofrece alquiler de diferentes tipos de bicis en Palermo, mientras que **Etna Sicily Touring** alquila bicicletas en Catania.

Hay varias compañías que ofrecen rutas libres o guiadas. **Ciclofree, Sicily Biking Tours** o **Ciclabili Siciliane** ofrecen diferentes tipos de aventuras y excursiones, suministrando bicicletas y transporte para el equipaje.

Barcos y ferris

Reggio Calabria es el principal puerto de ferris con destino a Sicilia, con la compañía **Caronte & Tourist. Tirrenia** ofrece ferris entre Palermo, Génova y Nápoles. En verano, ferris que admiten vehículos unen Messina y Nápoles. Hay también ferris regulares y bien organizados entre las diferentes islas sicilianas. Estos servicios los ofrecen varias compañías, como **Liberty Lines** y **SNAV** *(Societá Navigazione Alta Velocitá).* Ferris *(traghetti)* y deslizadores *(aliscafi)* pueden saturarse en verano y, si el tiempo es malo, puede haber retrasos en las salidas.

Navegar alrededor de las islas Eólicas y las islas Egadas visitando los puertos sicilianos es una buena manera de conocer algunos de los rincones más impactantes. **Sailing Sicily** alquila veleros y catamaranes con tripulación incluida.

Pasqualo es una buena opción para botes pequeños con los que circunnavegar el activo Stromboli. Incluso hay posibilidades de verlo en erupción.

A pie

La mejor manera para conocer una ciudad es recorrerla a pie, porque da la posibilidad de encontrar rincones inesperados. Los centros de las ciudades sicilianas suelen ser compactos y sus lugares de interés de fácil acceso. Siracusa, Catania, Palermo y muchas otras poblaciones tienen extensas áreas peatonales por las que moverse con comodidad. Sin embargo, hay que tener en cuenta las dimensiones de lo que se pretende recorrer. El centro histórico de Palermo, por ejemplo, abarca 2,5 km^2, y muchos lugares arqueológicos están en lo alto de colinas. Encuentre su ritmo y utilice calzado adecuado.

Sicilia ofrece también muchas oportunidades para hacer senderismo, tanto en el campo como en torno al Etna o en las reservas naturales, y es fácil contratar guías para que nos acompañen en las rutas más exigentes. **Outdoor Active** es ideal para encontrar rutas que merecen la pena. **Wikiloc** es otra web perfecta para encontrar paseos y rutas. No hay que olvidar nunca los consejos básicos: llevar agua suficiente, calzado resistente y una gorra para protegerse de los rayos solares.

INFORMACIÓN

EN COCHE

ViaMichelin
Ⓦ viamichelin.com

ZTL y Reglamento de Acceso Urbano en Europa
Ⓦ es.urbanaccess regulations.eu

NORMAS DE CIRCULACIÓN

ACI
Ⓦ aci.it

EN CICLOMOTOR

Rental Motor Bike
Ⓦ rentalmotorbike.com

EN BICICLETA

Ciclabili Siciliane
Ⓦ ciclabilisiciliane.com

Ciclofree
Ⓦ ciclofree.it

Etna Sicily Touring
Ⓦ etnasicilytouring.com

Sicily Biking Tours
Ⓦ sicilybikingtours.com

Sicily Cycling
Ⓦ sicilycycling.com

Social Bike Palermo
Ⓦ socialbikepalermo.com

BARCOS Y FERRIS

Caronte & Tourist
Ⓦ carontetourist.it

Liberty Lines
Ⓦ libertylines.it

SNAV
Ⓦ snav.it

Tirrenia
Ⓦ tirrenia.it

Pasqualo
Ⓦ strombolidamare.it

Sailing Sicily
Ⓦ sailingsicily.com

A PIE

Outdoor Active
Ⓦ outdooractive.com

Wikiloc
Ⓦ es.wikiloc.com

Información práctica

Documentación

Para conocer los requisitos de entrada, incluido el visado, hay que consultar en la embajada italiana más cercana o en la web de la **Polizia di Stato**. Para viajar a Italia, los ciudadanos españoles solo necesitan disponer del documento nacional de identidad. Sin embargo, es recomendable llevar también el pasaporte, ya que en caso de robo o pérdida de uno de los documentos, se dispondría del otro para cualquier gestión.

Consejos oficiales

Es importante tener en cuenta los consejos oficiales antes de viajar. Se pueden consultar las recomendaciones sobre seguridad, sanidad y otras cuestiones importantes tanto en la web del **Ministerio de Asuntos Exteriores de España** como en la del **Ministero della Salute.**

Información de aduanas

La web de **ENIT** (el consejo nacional de turismo de Italia) ofrece información relativa a la legislación sobre divisas que se pueden introducir o sacar de Italia.

Los ciudadanos de la UE pueden viajar a Italia con cantidades ilimitadas de cualquier producto, siempre que sean para uso personal. Quedan fuera de esta normativa las armas blancas y de fuego, determinados tipos de alimentos y plantas, y especies en peligro. Se deben declarar las cantidades superiores a 10.000 € en metálico.

Para los ciudadanos de fuera de la UE, los límites varían, así que hay que comprobar las restricciones antes de partir. Los no residentes en la UE pueden solicitar la devolución del IVA por compras superiores a 154 €; conviene tener preparados en el aeropuerto los formularios de la tienda.

Seguros de viaje

Es recomendable contratar un seguro completo que cubra robos, pérdida de pertenencias, problemas médicos, cancelaciones y retrasos, y leerse la letra pequeña.

Los ciudadanos de la UE pueden recibir atención médica gratuita de urgencia en Italia si disponen de la **Tarjeta Sanitaria Europea (TSE).**

Salud

Italia tiene un sistema nacional de salud de calidad. La cobertura por emergencia es gratuita para los ciudadanos europeos si se tiene la TSE, hay que asegurarse de presentarla cuanto antes. Normalmente el tratamiento se paga y luego se reclama.

Para otros viajeros, el pago de la atención médica es responsabilidad del paciente, por lo que conviene tener un seguro médico amplio.

Las farmacias, señaladas como en España con una cruz verde, despachan medicamentos comunes, sin receta y ofrecen consejo en afecciones menores. Si se le acaba una medicina que deba seguir tomando, los farmacéuticos pueden reponérsela si presenta la caja o envase originales. En las puertas de las farmacias aparecen las direcciones de las que están de guardia.

Las parafarmacias presentan una cruz azul o roja y despachan medicinas de venta libre, artículos de aseo y pañales, y también abren los sábados.

Sicilia tiene una red de centros de primeros auxilios. Todos los lugares turísticos abren centros de urgencias (*guardia medica*) en temporada alta. Los hoteles suelen tener teléfonos de doctores que hablan inglés.

Sicilia no tiene problemas especiales de salud. Los mosquitos pueden ser una molestia, hay que combatirlos con repelente como prevención y, si ya han picado, con antihistamínicos. Para bañarse en el mar, es recomendable usar repelente de medusas.

El verano es caluroso en Sicilia y conviene tomar las medidas de costumbre: llevar gorra, hacer uso de crema solar, evitar las horas de más calor y beber muchos líquidos. El agua en Sicilia es potable, salvo que se indique lo contrario.

No se precisan vacunas para entrar en Italia. Para

más información acerca de los requisitos de vacunación contra la COVID-19, hay que consultar los consejos oficiales.

Tabaco, alcohol y drogas

Fumar está prohibido en espacios públicos cerrados. En Italia el límite de alcohol en sangre al volante es 0,5 g/l; más o menos el equivalente a una cerveza o un vaso de vino pequeño. Para quienes tengan carné de conducir desde hace menos de tres años o para menores de 21, el límite es 0. La posesión de drogas está prohibida y puede conllevar pena de prisión.

Carné de identidad

Por ley, en Italia se debe llevar siempre encima una identificación personal (DNI o similar para ciudadanos de la UE; pasaporte o visado si corresponde). Puede ser una copia, pero si la policía lo exige, deberá aportar el original en un plazo de 12 horas.

Seguridad personal

Sicilia es un lugar seguro, pero los pequeños delitos existen. Se dan tirones desde ciclomotores, aunque lo que más abunda son los carteristas, que actúan en los concurridos centros de las ciudades, durante espectáculos deportivos y en el transporte público, así como en puertos de ferri y estaciones de tren. Sea sensato, mantenga sus pertenencias a la vista y eche un ojo a su alrededor. Si

le roban, denuncie antes de que hayan transcurrido 24 horas en la comisaría más cercana (lleve su documentación). Si necesita hacer una reclamación a su seguro, pida una copia de la denuncia. En caso de robo de pasaporte o de un delito más serio, lo mejor es contactar con la embajada del país de origen.

Los italianos aceptan en general a todo el mundo, sin discriminar por raza, género o condición sexual. La homosexualidad se legalizó en 1887 y en 1982 Italia se convirtió en el tercer país en reconocer el derecho legal a cambiar de género. Pese a esto, la aceptación no es necesariamente un hecho en todos los entornos. En pequeñas poblaciones de Sicilia y en zonas rurales puede ser menos aceptado todo lo que se asocie con las relaciones o sexualidades LGTBIQ+, y las muestras de afecto en público pueden ser mal vistas e incluso criticadas.

Las mujeres, sobre todo en zonas turísticas, pueden ser tratadas de forma poco respetuosa. Si se siente acosada o amenazada, no dude en dirigirse directamente a la comisaría más cercana.

Italia cuenta con dos cuerpos de policía. Los **Carabinieri** son la rama militar, y la **Polizia di Stato** es la fuerza civil. Las denuncias se pueden presentar ante ambos cuerpos, ya sean de robo o de pérdida *(denuncia di furto o smarrimento)*. Hay líneas telefónicas de emergencias para **bomberos** y **ambulancia.** Todas las llamadas a la policía

y a emergencias son gratuitas.

INFORMACIÓN

DOCUMENTACIÓN

Polizia di Stato
W poliziadistato.it

CONSEJOS OFICIALES

Ministerio de Asuntos Exteriores de España
W exteriores.gob.es

Ministero della Salute
W salute.gov.it

INFORMACIÓN DE ADUANAS

ENIT
W enit.it

SEGUROS DE VIAJE

Tarjeta Sanitaria Europea (TSE)
W seg-social.es

SEGURIDAD PERSONAL

Ambulancias
C 118

Carabinieri
C 112
W carabinieri.it

Bomberos
C 115

Polizia di Stato
C 113
W poliziadistato.it

Viajeros con necesidades específicas

Sicilia está pobremente equipada para los viajeros con necesidades específicas, aunque las condiciones van mejorando lentamente. Rampas, ascensores y aseos adaptados están aumentando. Los visitantes que lleguen en tren pueden pedir a **RFI** (Rete Ferroviaria Italiana) asistencia en la Sala Blu de la estación de Messina a través de la página web. **Sicily Accessible Tours** ofrece información (en inglés) sobre viajes accesibles por la isla.

Zona horaria

Italia se rige por el mismo huso horario que España (GMT+2), con cambio de horario en verano (último domingo de marzo) e invierno (último domingo de octubre).

Dinero

Italia es uno de los 20 países europeos que utilizan el euro (€). Muchos establecimientos aceptan las principales tarjetas de crédito, débito y prepago. Los pagos *contactless* están muy extendidos, pero conviene llevar efectivo para pagar en las tiendas y comercios pequeños, sobre todo en zonas rurales. Hay cajeros automáticos en la mayoría de las poblaciones importantes, pero son más difíciles de encontrar en zonas alejadas.

No se suele dar propina en los restaurantes o a los taxistas, pero esto está cambiando. Si el servicio es excelente, siempre se agradecen unos euros. Los porteros de hotel y el servicio de limpieza esperan 1 € por maleta o día.

Dispositivos eléctricos

Al igual que en España, la corriente eléctrica es de 220 voltios. Los enchufes pueden tener dos o tres clavijas redondas, por lo que es necesario llevar un adaptador de múltiples entradas.

Teléfonos móviles y wifi

Los visitantes que viajen a Sicilia desde países de la UE no se verán afectados por cargos de *roaming*. Se les cobrará por el uso de datos, SMS y llamadas de voz lo mismo que en el país de origen. Una alternativa más barata puede ser comprar una tarjeta SIM italiana, disponible en las principales tiendas de telefonía, pero hay que mostrar un documento identificativo.

Normalmente hay wifi gratuito en las zonas turísticas, y muchos cafés y restaurantes dan la clave de su wifi siempre que se consuma.

Correos

El servicio postal, **Poste Italiane,** aunque ha mejorado, puede ser lento. Si lo usa, evite el correo certificado, que tiende a acumularse antes de ser tramitado. Los buzones son rojos y tienen dos ranuras: una *per la città* (local) y otra *per tutte le altre destinazioni* (resto de destinos). Si necesita hacer un envío urgente, puede usar la mensajería del servicio de correos italiano, Paccocelere, y para destinos internacionales un servicio privado como DHL o UPS.

Los sellos *(francobolli)* se venden en las oficinas de correos *(ufficio postale)* y en los estancos *(tabaccherie),* y a veces en las tiendas de postales.

Clima

Sicilia tiene un clima mediterráneo. El verano puede ser muy caluroso en las zonas de interior, con temperaturas más frescas en las zonas de montaña. Los inviernos son templados, pero no es raro que nieve en las zonas altas. La primavera puede ser tormentosa, pero aun así la ocupación hotelera en esas fechas es elevada. Los otoños son lluviosos.

La temporada alta va de Semana Santa a julio y de septiembre a octubre. Muchas tiendas y restaurantes en las ciudades cierran en agosto, que es cuando los residentes se desplazan a la playa o la montaña huyendo del calor.

Horarios

Los días en que los negocios en Sicilia cerraban para el *riposo* (la siesta), o incluso la tarde entera, están pasando a la historia.

La costumbre de cerrar los domingos también está decayendo.

La mayor parte de los museos y monumentos abren todo el día, lo mismo que un número creciente de franquicias y supermercados, así como algunas tiendas grandes en Palermo.

Las tiendas pequeñas y las iglesias mantienen la tradición de abrir por la mañana, cerrar para comer y reabrir por la tarde. El horario de cierre suele ser las 20.00 horas. Los horarios de museos, galerías y yacimientos arqueológicos varían, por lo que es recomendable consultar previamente. La última admisión a muchos recintos es 30 minutos antes del cierre.

COVID-19 Un aumento en el número de infectados puede conllevar cambios en los horarios y/o cierres. Consulte siempre antes de visitar museos, monumentos y lugares de reunión.

Información turística

Hay oficinas de información turística en los cuatro aeropuertos internacionales de Sicilia. El personal puede dar consejos valiosos sobre alojamiento y también suministrar mapas.

Hay varios puntos de información en Palermo y Catania, a veces indicados con la letra "I". En localidades más pequeñas los puntos de información se conocen como Pro Loco.

Turismo responsable

La crisis climática está teniendo un gran impacto en Sicilia, con olas de calor e incendios forestales cada vez más frecuentes durante los prolongados meses de verano. Si se viaja durante este periodo, conviene consultar las directrices de la página web del **Departamento de Protección Civil** y contribuir deshaciéndose cuidadosamente de las colillas y la basura inflamable; provocar un incendio, aunque sea accidental, se considera delito.

Idioma

Aunque el italiano es el idioma oficial de la isla, mucha gente habla dialecto siciliano. En las ciudades y centros turísticos se habla algo de inglés, pero en las zonas rurales es más raro.

Impuestos y devoluciones

El IVA suele ser del 22 %, con un tipo reducido del 4 al 10 % en algunos artículos. Los ciudadanos de fuera de la UE pueden solicitar una rebaja en ciertas condiciones. Es más fácil solicitarlo antes de comprar, mostrando el pasaporte al dependiente y rellenando un formulario. Si se reclama a posteriori, presente a un agente de aduanas sus compras y recibos en el aeropuerto. Los recibos se sellan y envían al vendedor

para que este haga el reembolso.

Alojamiento

Sicilia ofrece una amplia gama de alojamientos, desde lujosos hoteles a albergues. Alojarse en el centro de una ciudad puede ser más cómodo, pero también más caro.

Algunos hoteles turísticos cierran en invierno. En verano se dispara la demanda y los precios aumentan bastante. En ciudades como Palermo y Catania, se carga una tasa urbana por habitación (unos 3 € por persona por noche).

Por ley, los hoteles deben entregar a la policía un registro de clientes y emitir un recibo de pago *(ricevuta fifi scale)*, que el viajero debe llevar consigo hasta abandonar Italia.

INFORMACIÓN

VIAJEROS CON NECESIDADES ESPECÍFICAS

RFI
🌐 rfi.it

Sicily Accessible Tours
🌐 sicilyaccessibletours.com

CORREOS

DHL
🌐 dhl.it

Poste Italiane
🌐 poste.it

UPS
🌐 ups.com

TURISMO RESPONSABLE

Departamento de Protección Civil
🌐 protezionecivile.gov.it

Dónde alojarse

PRECIOS

Por habitación doble (con desayuno, si está incluido), impuestos y otros cargos.

€ menos de 100 €   €€ 100-200 €   €€€ más de 200 €

Hoteles de lujo

Eremo della Giubiliana, Ragusa

MAPA F5 ▪ Contrada da Giubiliana ▪ 093 2669119 ▪ www.eremodella giubiliana.it ▪ €€

Este elegante edificio monástico del siglo XIV cuenta con trece habitaciones y seis *suites* que fueron celdas de monjes, además de cinco encantadores chalés rústicos. Las habitaciones, las zonas comunes, los jardines, fuentes y patios están restaurados con fidelidad al origen y usando muebles de madera y hierro. Excelente servicio.

La Moresca Maison de Charme, Marina di Ragusa

MAPA F6 ▪ Via Dandolo 63 ▪ 093 21915535 ▪ Cerrado dic-mar ▪ www.lamorescahotel.eu ▪ €

Este extravagante edificio neogótico a pocos metros del mar tiene habitaciones lujosas decoradas con obras de arte. Excelente bufé en el desayuno.

Locanda Don Serafino, Ragusa Ibla

MAPA F5 ▪ Via XI Febbraio 15 ▪ 093 2220065 ▪ www.locanda donserafino.it ▪ €€€

Este hotel ofrece habitaciones distintas, alguna de ellas talladas en el rocoso acantilado sobre el que se alza Ibla. Cuenta con una piscina privada en la Marina di Ragusa.

The Ashbee, Taormina

MAPA H3 ▪ Via San Pancrazio 46 ▪ 094 223537 ▪ Cerrado feb-mar ▪ www.theashbeehotel.com ▪ €€€

Este hotel con encanto a un paseo del centro de Taormina, está emplazado sobre un acantilado con vistas de la costa. Cuenta con 24 habitaciones, bar en la azotea y jardines.

Excelsior Palace Hotel, Taormina

MAPA H3 ▪ Via Toselli 8 ▪ 094 223975 ▪ www.excel siorpalacetaormina.it ▪ €€€

Desde 1904 este hotel es famoso por sus vistas del Etna y sus jardines. La piscina está sobre un promontorio que domina la bahía de Naxos.

Grand Hotel Baia Verde, Catania

MAPA G4 ▪ Via Angelo Musco 8/10, Aci Castello ▪ 095 491522 ▪ www.baiaverde.it ▪ €€

Elegantes habitaciones y *suites* con salón y terraza en torno a la zona de la piscina, entre palmeras y con vistas al mar.

Grand Hotel Timeo, Taormina

MAPA H3 ▪ Via Teatro Greco 59 ▪ 094 26270200 ▪ Cerrado med ene-med mar ▪ www.belmond.com ▪ €€€

Este hotel está en una colina llena de buganvillas y palmeras, justo debajo del teatro griego de Taormina. Las 70 habitaciones y *suites* están decoradas en estilo barroco. Dos restaurantes y dos bares ocupan amplias terrazas con vistas impresionantes.

Grand Hotel Villa Igiea, Palermo

PLANO L2 ▪ Salita Belmonte 43 ▪ 091 062888590 ▪ www.roccofortehotels.com/hotels-and-resorts/villa-igiea ▪ €€€

Ernesto Basile, arquitecto del *art nouveau*, construyó esta gran villa a finales del siglo XIX en la ladera del monte Pellegrino. Cene en las terrazas con vistas al mar.

San Domenico Palace, Taormina

MAPA H3 ▪ Piazza San Domenico 5 ▪ 094 2613111 ▪ www.san-domenico-palace.com ▪ €€€

Este monasterio del siglo XV fue el escenario de la segunda temporada de la popular serie de HBO *The White Lotus*. Además de una sala de *fitness*, una zona de belleza, una piscina y un gimnasio, el hotel ofrece bellas vistas de la bahía y el Etna.

Terre di Vendicari, Noto

MAPA G5 ▪ Contrada Vaddeddi ▪ 346 359 3845 ▪ www.terredivendicari.it ▪ €€

Cuenta con cuatro habitaciones, que están decoradas en tonos blancos y ocres en los edificios de una granja reformada. Recójase en una de las camas con dosel de la terraza y siga la línea de la piscina hasta el mar, en el horizonte. Solo mayores de 18 años.

Hoteles históricos

Baglio Spanò, Petrosino, cerca de Marsala
MAPA B3 ▪ Via Baglio Spano ▪ 348 882 2095 ▪ www. bagliospano.com ▪ €
Esta preciosa casa de campo, del siglo XIX, está emplazada entre limoneros. Dispone de cinco habitaciones de decoración tradicional y una piscina elevada.

Hotel L'Ariana, Rinella, Salina
MAPA G1 ▪ Via Rotabile 11 ▪ Plano G1 ▪ 090 9809075 ▪ www.ilborgodirinella. com ▪ €
Esta fantástica villa del siglo XX construida sobre las rocas encima del pequeño puerto de Rinella ha pertenecido a la misma familia desde que se construyó. Las habitaciones son sencillas; las mejores son las del primer piso, que dan a una amplia terraza con espectaculares vistas.

Hotel Relais, Modica
MAPA G6 ▪ Via Tommaso Campailla 99 ▪ 093 2754 451 ▪ www.hotelrelais modica.it ▪ €
Este *palazzo* renovado disfruta de bonitas vistas de Modica, jardín en la azotea y habitaciones familiares. Servicio amable.

Il Principe Hotel, Catania
MAPA G4 ▪ Via Alessi 24 ▪ 095 2500345 ▪ www. ilprincipehotel.com ▪ €€
Este edificio renovado de estilo barroco se halla en el centro histórico de Catania. Las habitaciones ofrecen todas las comodidades modernas y, para mayor lujo, se puede acudir al baño turco.

Atelier sul Mare, Castel di Tusa
MAPA E2 ▪ Via Cesare Battisti 4 ▪ 092 1334295 ▪ www.ateliersulmare. com ▪ €€
De las 40 habitaciones que ofrece, 20 tienen instalaciones de artistas contemporáneos. Todas tienen terraza al mar.

Foresteria Baglio della Luna, Agrigento
MAPA D4 ▪ Via S.A. Guastella 1, Valle dei Templi ▪ 092 2511061 ▪ www.bagliodellaluna. com ▪ €€
Los huéspedes se sienten en casa en esta torre restaurada del siglo XIII y en la villa del siglo XVIII. El luminoso patio central lleva a los bancales, con olivos y frutales y vistas de los templos de Agrigento *(ver pp. 32-35)*. Las habitaciones de la planta superior tienen muebles antiguos.

Giardino sul Duomo, Ragusa
MAPA F5 ▪ Via Dottor Solarino 26/A ▪ 366 5794027 ▪ www.giardino sulduomo.it ▪ €€
Un edificio ubicado en medio de exquisitos jardines en Ragusa, con bellas vistas de la catedral y del centro de la ciudad hasta las colinas y los valles. Las 13 habitaciones son modernas, pero acogedoras.

Palazzo Brunaccini, Palermo
PLANO L6 ▪ Piazzetta Brunaccini 9 ▪ 091 586904 ▪ www.palazzobrunaccini. it ▪ €€
Ubicado en el barrio judío de la ciudad, este hotel con encanto está lleno de

artesanías locales y detalles de estilo *art déco*. Cuenta con un restaurante y un bar.

Hotel Belvedere, Taormina
MAPA H3 ▪ Via Bagnoli Croci 79 ▪ 094 223791 ▪ www.villabelvedere.it ▪ €€€
Construido como gran hotel en 1902 sobre la colina de Taormina, las reformas han preservado el encanto del original y han modernizado las habitaciones, la mayoría con buenas vistas. También destacan sus jardines, con limoneros y palmeras. Se sirven comidas junto a la piscina.

Massimo Plaza, Palermo
PLANO L4 ▪ Via Maqueda 437 ▪ 091 325657 ▪ www. massimoplazahotel.com ▪ €€€
Situado en un *palazzo* reformado justo frente al Teatro Massimo, sede de la ópera, sus soleadas alcobas insonorizadas tienen vistas a la *piazza*. Escaleras empinadas y sin ascensor. Tiene aparcamiento.

Villa Athena, Agrigento
MAPA D4 ▪ Via Passeggiata Archeologica 33 ▪ 092 2596288 ▪ www.hotelvillaathena.it ▪ €€€
Un hotel con *spa* en el Valle de los Templos que ofrece habitaciones espaciosas, algunas de ellas con terraza privada. Este es el único lugar de la isla donde se puede nadar y jugar al tenis con los templos como telón de fondo,

Complejos turísticos

Approdo di Ulisse, Favignana

MAPA A3 ■ Contrada Calagrande ■ 092 3921 125 ■ www.aurumhotel.it ■ €
Un relajado complejo turístico de bungalós y pequeñas cabañas encaladas, junto a una zona de cuevas del oeste de la isla. Piscina, tenis y submarinismo.

La Dimora di Spartivento, Ragusa

MAPA F5 ■ SS 115, km 323 ■ 093 21865377 ■ www.dimoradi spartivento.it ■ €
Con vistas de la meseta Iblea y de Modica y el mar, este hotel dispone de grandes habitaciones equipadas con comodidades modernas, además de piscina y gimnasio.

Il Piccolo Etna Golf Hotel & Resort, Castiglione di Sicilia

MAPA G3 ■ SS 120, km 200 ■ 094 2986384 ■ www.etnagolfresort.it ■ €€
Este complejo está situado en la ladera del Etna. Cuenta con un campo de golf de 18 hoyos, piscina, pistas de tenis y gimnasio, así como un *spa*.

Kalura Hotel, Cefalù

MAPA E2 ■ Via Vincenzo Cavallaro 13 ■ 092 1421 354 ■ Cerrado mid nov-mar ■ www.hotelkalura.com ■ €€
Este moderno hotel cuenta con modernas habitaciones e instalaciones como playa privada, piscina, tenis, billar y bicicletas de montaña. También se organizan excursiones a caballo y paseos en barco. Abre desde mediados de marzo hasta mediados de noviembre.

Atlantis Bay, Taormina Mare

MAPA H3 ■ Via Nazionale 161 ■ 094 2618011 ■ www.atlantisbay.it ■ €€€
Este hotel cuenta con un completo *spa* y playa privada. La piscina y la terraza donde se sirven las comidas están junto al mar. Las habitaciones tienen terraza con vistas a la bahía.

Capofaro Malvasia & Resort, Salina

MAPA G1 ■ Via Faro 3 ■ 090 9844330 ■ www.capofaro.it ■ €€€
Las 18 lujosas habitaciones cuentan con balcón y vistas al mar en este complejo de cinco estrellas de la familia Tasca d'Almerita. Las buganvillas realzan sus edificios encalados.

Grand Hotel Minareto, Siracusa

MAPA H5 ■ Via del Faro Massolivieri 26 ■ 093 1721222 ■ www.grandhotel minareto.it ■ €€€
En la reserva natural de Plemmirio, este complejo tiene *spa*, piscinas, playa privada y dos restaurantes.

Hotel Villa Sant'Andrea, Taormina

MAPA H3 ■ Via Nazionale 137, Taormina Mare ■ 094 26271200 ■ Cerrado nov-mar ■ www.hotelvillasant andrea.com ■ €€€
Villa del siglo XIX restaurada al pie del monte Tauro y con vistas al mar. Habitaciones con terraza.

Raya, Panarea

MAPA G1 ■ Via Pepe e Maria ■ 090 983013 ■ Cerrado nov-mar ■ www.hotelraya.it ■ €€€
Un lugar para relajarse entre casas encaladas con grandes terrazas que miran al mar. Hay un restaurante junto al mar donde se sirven cenas de pescado fresco. No se admiten niños menores de 12 años.

Verdura Resort, Sciacca

MAPA C4 ■ SS. 115, km 131 ■ 092 5998001 ■ www.roccofortehotels.com/hotels-and-resorts/verdura-resort ■ €€€
Este complejo de primera categoría dispone de su propia franja de costa, un campo de golf de 18 hoyos, pistas de tenis y un *spa*. Ideal para viajar a Agrigento y Selinunte.

Hoteles confortables

Albergo Maccotta, Trapani

MAPA B2 ■ Via Degli Argentieri 4 ■ 092 328418 ■ www.albergomaccotta.it ■ €
El Albergo Maccotta presume de una ubicación excelente en el casco antiguo de Trapani. Las habitaciones son sencillas y limpias.

Hotel Aegusa, Favignana

MAPA A3 ■ Via Garibaldi 11 ■ 092 3921739 ■ www.aegusahotel.it ■ €
Reserve una estancia aquí por sus modernas habitaciones, terraza y pequeño jardín con restaurante, todo encajado en la ciudad de Favignana.

Hotel Il Barocco, Ragusa Ibla

MAPA F5 ■ Via Santa Maria La Nuova 1 ■ 093 2663105 ■ www.ilbarocco.it ■ €
Este céntrico hotel cuenta con aparcamiento y salón de desayunos. El personal es servicial. Constituye una estupenda base para recorrer el sureste de Sicilia.

Hotel Miramare, Selinunte

MAPA B4 ▪ Via Pigafetta 2 ▪ 092 446666 ▪ www. hotelmiramaregarzia.it ▪ €
El encantador hotel Miramare se asoma al Mediterráneo y ofrece una sobrecogedora vista de la cercana acrópolis de Selinute. Cuenta con su propia playa privada y tiene piano bar y pizzería. Hay también wifi y aparcamiento privado.

Katane Palace Hotel, Catania

MAPA G4 ▪ Via C. Finocchiaro Aprile 110 ▪ 095 7470702 ▪ www. katanepalace.it ▪ €
Este moderno hotel con habitaciones espaciosas está situado en un *palazzo* renovado, a solo unos pasos de uno de los mercados diarios de la ciudad y de la elegante Via Etnea. Tiene un bar elegante y restaurante. Hay aparcamiento, pero se debe reservar con antelación.

Relais Antiche Saline, Paceco

MAPA B2 ▪ Via Verdi, Località Nubia ▪ 092 3868042 ▪ www.relaisantiche saline.it/site/hotel ▪ €€
Este edificio histórico reformado alberga espaciosas habitaciones con vistas a las islas Egadas y a las salinas de Trapani. También cuenta con piscina, *spa* al aire libre con sauna finlandesa y un buen restaurante. Se hacen traslados a Trapani bajo petición.

Centrale Palace Hotel, Palermo

PLANO D2 ▪ Via Vittorio Emanuele 327 ▪ 093 2959908 ▪ www. eurostarshotels.it ▪ €€
Elegante *palazzo* restaurado, con lujosas zonas

comunes. Se puede cenar en la terraza, con excelentes vistas.

Hotel Elios, Taormina

MAPA H3 ▪ Via Bagnoli Croci 96 ▪ 094 223431 ▪ www.elioshotel.com ▪ €€
Negocio familiar bajo el Teatro Antico con espaciosas habitaciones, casi todas con vistas del mar. Cuenta también con una azotea con tumbonas para relajarse.

Hotel Gutkowski, Siracusa

MAPA H5 ▪ Lungomare di Levenate 26 ▪ 093 1465861 ▪ www.guthotel.it ▪ €€
En verano el desayuno se sirve en la terraza de este hotel situado en Ortigia, frente al mar. Tiene restaurante propio.

Hotel Pomara, San Michele di Ganzaria

MAPA F4 ▪ Via Vittorio Veneto 84 ▪ 093 3978142 ▪ www. hotelpomara.com ▪ €€
Una de las opciones más confortables del interior. Aunque rústico y con excelentes vistas de los trigales, este hotel es moderno. Tiene un excelente restaurante y está próximo a Enna, Piazza Armerina, Morgantina y Caltagirone.

Hotel Posta, Palermo

PLANO D2 ▪ Via Gagini 77 ▪ 091 587 338 ▪ www. hotelpostapalermo.it ▪ €€
Este hotel de tres estrellas es una ganga en Palermo. Las habitaciones son grandes y limpias, las zonas comunes están equipadas con televisión y hay aparcamiento. Está

cerca de la iglesia de San Domenico.

La Sirena, Filicudi

MAPA H3 ▪ Via Pecorini a Mare ▪ 388 8769072 ▪ Cerrado oct-may ▪ www. lasirenafilicudi.com ▪ €€
Pensión tranquila en la lejana isla de Filicudi. Ofrece cuatro espaciosas habitaciones con balcones que dan al puerto, siempre lleno de barcas de pesca. Tiene restaurante, bar y piscina, además de estar puerta con puerta de un fantástico bar que ofrece *sushi* para llevar. El precio incluye el desayuno y descuentos para las comidas.

Alojamiento rural y *Bed & Breakfasts*

La Zagara, Furci Siculo

MAPA H2 ▪ Via Manzoni 5 ▪ 338 2178989 ▪ www. lazagarabeb.it ▪ €
En un pueblo tranquilo cerca de Taormina, a pocos pasos de la playa. La Zagara tiene tres habitaciones con baño privado y balcón con vistas al mar.

Sotto i Pini, Zafferana Etnea

MAPA G3 ▪ Via A Diaz 208, Pisano ▪ 095 956696 ▪ www.sottoipini.it ▪ €
Esta encantadora e histórica villa *art nouveau* descansa entre sus propios viñedos, olivares y huertos, con vistas al Etna y al mar. Los desayunos son a base de productos locales, ecológicos y de temporada, muchos de ellos cultivados en el huerto propio.

Precios ver p. 142

Torre di Renda, Enna
MAPA E4 ■ Piazza Armerina ■ 093 5680208 ■ www.torrerenda.it ■ €
Un *agriturismo* rústico en las colinas que rodean a la Piazza Armerina. Hay excursiones a caballo y en bicicleta. También tiene piscina y restaurante.

Duca di Castelmonte, Trapani
MAPA B2 ■ Via Salvatore Motisi, 11 ■ 092 3526139 ■ www.ducadicastelmonte.it ■ €€
Una finca vinícola con habitaciones rústicas, zona de *glamping*, piscina y zonas de juego para niños. También hay un pequeño museo sobre la vida campesina.

BB 22, Palermo
PLANO D2 ■ Via Pantelleria 22 (esquina Largo Cavalieri di Malta) ■ 091 326214 ■ www.bb22.it ■ €€
Este céntrico *Bed & Breakfast* situado en un *palazzo* restaurado tiene habitaciones con borlas de plumas en una cómoda dorada, tejidos de rizo de color rosa oscuro en los baños y armarios decorados con motivos orientales.

Baglio Occhipinti, Vittoria
MAPA F5 ■ C.da Fossa di Lup ■ 349 3944359 ■ www.baglioocchipinti.it ■ €€€
Impresionante casa de campo situada en una granja ecológica de 10 ha con 12 habitaciones y *suites* con paredes de piedra tosca. Servicios de lujo, como masajes en la habitación y una piscina al aire libre.

Mandranova, Palma di Montechiaro
MAPA D5 ■ SS 115, km 217 ■ 393 986 2169 ■ www.mandranova.com ■ €€€
Mandranova, productora galardonada por su pro-

ducción de aceite, se encuentra entre el mar y la costa, donde unas antiguas granjas han sido convertidas en habitaciones y *suites*. Entre otras instalaciones hay una pequeña piscina, sala de lectura, salón de billar y cursos de cocina.

Masseria Susafa, Polizzi Generosa
MAPA E3 ■ Contrada Susafa ■ 091 7487477 ■ www.susafa.com ■ €€€
Esta granja bien reformada en las montañas de Madonie tiene un toque rústico. Las habitaciones tienen capacidad para entre 2 y 6 personas. Hay restaurante.

Talìa, Modica
MAPA G6 ■ Via Exaudinos 1/9 ■ 093 2752075 ■ www.casatalia.it ■ €€
En el antiguo centro histórico de Modica, estas pequeñas casas de piedra han sido reformadas y conectadas mediante unos originales jardines y escaleras de piedra. Las habitaciones tienen una decoración mínima a base de materiales sicilianos.

Casas, villas y apartamentos

Agrituristica Villa Levante, Castelbuono
MAPA E3 ■ Via Isnello ■ 335 6394574 ■ www.villalevante.it ■ €
Cuatro apartamentos restaurados con buen gusto se ubican en un castillo del siglo XIX que cuenta con bonitos jardines y una granja en la que se produce aceite de oliva. Hay rutas señalizadas para caminar hasta Castelbuono, hacer senderismo o pedalear en bicicleta de montaña.

Apartmentos Casa Giudecca, Cefalù
MAPA E2 ■ Via Candeloro 105 ■ 344 0317226 ■ https://cefaluhome.com/it/porta-giudecca ■ €€
Estos apartamentos en alquiler al este de Cefalù se encuentran en un acantilado con balcones que dan al mar y escaleras para bajar.

B&B Enza Marturano, Lipari
MAPA G1 ■ Via Maurolico 35 ■ 368 322 4997 ■ No acepta tarjetas de crédito ■ €€
En el centro de Lipari, cerca de Marina Corta, un lugar que ofrece cuatro luminosas habitaciones con instalaciones para cocinar. Las habitaciones se concentran en torno a un salón común, cocina y terraza.

Bagolaro
MAPA G3 ■ Viagrande ■ 075 5057865 ■ www.homeinitaly.com ■ €€€
Esta elegante villa de piedra del siglo XVII se ha agrandado con elementos contemporáneos, como un elegante invernadero frente a la piscina y jardines bien cuidados.

Pensiones y monasterios

Il Giardino del Barocco, Noto
MAPA G5 ■ Aurispa Giovanni 77 ■ 093 1573919 ■ www.ilgiardinodelbarocco.it ■ €
Esta popular *pensione* ocupa un palacio histórico con un patio ajardinado en el centro de la localidad.

La Giara, Nicolosi
MAPA G3 ■ Viale della Regione 12 A ■ 095 791 9022 ■ €
Las habitaciones espaciosas y su vistosa decoración lo convierten en una base

perfecta para recorrer los alrededores del Etna. Hay una amplia terraza con vistas al volcán.

Monastero di San Benedetto, Modica

MAPA G6 ▪ Vía S Benedetto da Norcia 101 ▪ 093 2941033 ▪ No acepta tarjetas de crédito ▪ €
Cerca de la estación, este monasterio cuenta con habitaciones individuales sin aire acondicionado y un refectorio. Principalmente para retiros espirituales.

Pensione Tranchina, Scopello

MAPA C2 ▪ Vía A Diaz 7 ▪ 092 4541099 ▪ www. pensionetranchina.com ▪ €
Agradable *pensione* de 10 dormitorios en una pequeña aldea de pescadores. Habitaciones con bonitas camas de hierro o madera; algunas con vistas al mar. Los dueños cocinan excelentes platos sicilianos, sobre todo marisco y verduras de su propia huerta.

SoleLuna della Solidarietà, Palermo

MAPA D2 ▪ Vía Vincenzo Riolo 7 ▪ 091 581671 ▪ www.soleluna bedandbreakfast.org ▪ €
Todas las habitaciones tienen su propio baño, aunque no está dentro de la estancia. La propietaria dona el 5 % de sus ingresos a un grupo juvenil local. También ofrece visitas a Palermo.

Albergo Domus Mariae, Ortigia

MAPA H5 ▪ Vía Vittorio Veneto 76 ▪ 093 124854 ▪ www.domusmariae benessere.com ▪ €
Las hermanas ursulinas gestionan este hotel, en un *palazzo* restaurado del siglo XIX en Ortigia. Todas las habitaciones tienen aire acondicionado, y algunas vistas al mar. Reserve con antelación.

Pocho, San Vito lo Capo

MAPA B2 ▪ Localita Isulidda ▪ 092 3972525 ▪ www.hotel-pocho.it ▪ €€
Pequeña *pensione* con 12 confortables habitaciones, algunas decoradas con piezas de un teatro de títeres tradicional siciliano. Tiene restaurante con terraza, vistas al mar y una playa cerca.

Campings y albergues

Baia dei Coralli, Palermo

MAPA D2 ▪ Vía Plauto 27, Sferracavallo ▪ 392 6318397 ▪ €
Cerca de la playa, en un complejo vacacional, este albergue tiene capacidad para 76 personas en habitaciones de dos o cuatro camas. A un corto trayecto de Palermo en autobús.

Camping San Filippo, Cefalù

MAPA E2 ▪ C. da Ogliastrillo, SS. 113 ▪ 092 1420184 ▪ https://campingsanfilippo. com ▪ €
Este *camping* de lujo, a unos 50 km de Palermo, ofrece espacios para autocaravanas, tiendas de madera y pequeños bungalós, cada uno con su propio patio de piedra. También hay una cocina exterior cubierta con barbacoa.

Camping Costa Ponente, Cefalù

MAPA E2 ▪ Contrada Ogliastrillo SS 113 ▪ 092 1420085 ▪ Cerrado nov-mar ▪ No acepta tarjetas de crédito ▪ www.camping-costaponente.com ▪ €
Camping de tres estrellas para tiendas y caravanas.

Cuenta con piscina, pistas de tenis, acceso a la playa, además de bar, tienda y restaurante autoservicio.

Camping La Focetta Sicula, Sant'Alessio Siculo

MAPA H3 ▪ Contrada Siena 40 ▪ 094 2751657 ▪ www.lafocetta.it ▪ €
Este *camping* junto al mar tiene también 85 camas en bungalós totalmente amueblados y móviles equipados con aire acondicionado, calefacción y terraza con sombra.

Il Forte Camping Village, Marzamemi

MAPA G6 ▪ Contrada Spinazza ▪ 093 1841011 ▪ www.ilfortevillage.it ▪ €
Este *camping* con bungalós y aparcamiento se halla cerca de una playa. Tiene restaurante, bar y mercado. También se alquilan equipos de buceo, botes, bicicletas y escúteres.

Ostello Degli Elefanti, Catania

MAPA G4 ▪ Vía Etnea 28 ▪ 095 2265691 ▪ www. ostellodeglielefanti.it ▪ €
Este albergue ubicado en un *palazzo* del siglo XVII a unos pasos de la Piazza Duomo, ofrece dormitorios comunes y habitaciones individuales, sala de lectura, cocina y terraza en la azotea con vistas al Etna.

Taormina's Odyssey, Taormina

MAPA H3 ▪ Vía Paterno di Biscari 13 ▪ 094 224533 ▪ €
Buen ambiente en este albergue cercano al centro de de Taormina. Habitaciones individuales o dormitorios comunes.

Precios ver p. 142

Índice general

Agradecimientos

Edición actualizada por

Colaboración Toni DeBella
Edición sénior Alison McGill, Dipika Dasgupta
Diseño sénior Vinita Venugopal
Edición de proyecto Sarah Allen
Diseño de proyecto Bharti Karakoti
Documentación fotográfica sénior Vagisha Pushp
Iconografía sénior Taiyaba Khatoon
Diseño de cubierta Bharti Karakoti
Cartografía Ashif
Cartografía sénior Suresh Kumar
Diseño DTP Tanveer Zaidi
Producción sénior Jason Little
Producción Samantha Cross
Responsables editoriales Shikha Kulkarni, Beverly Smart, Hollie Teague
Edición de arte sénior Priyanka Thakur
Dirección de arte Maxine Pedliham
Dirección editorial Georgina Dee

DK quiere dar las gracias a las siguientes personas por su contribución a la edición anterior: Elaine Trigiani, Conchita Vecchio, Kathryn Gledenning, Helen Peters

La editorial quiere agradecer a las siguientes personas, instituciones y compañías el permiso para reproducir las siguientes fotografías:

Leyenda: a=arriba; b=abajo; c=centro; e=extremo; l=izquierda; r=derecha; t=superior

123RF.com: Giuseppe Anello 54clb, 75tr; Yury Dmitrienko 99cr; lsantilli 81tr.

Le 4 Stagioni, Menfi: 105bc.

4Corners: Antonino Bartuccio 1, 14br, 16cl, 17tl, 28-29c, 36-37t, 80bl, 87cla; Gabriele Croppi 121b; Giorgio Filippini 17crb; Johanna Huber 25crb; SIME / Paolo Giocoso 13tl, 13c, 16br, 22-23; Alessandro Saffo 4cra, 26t, 48tl, 54b, 113tl; Stefano Scatà 79bc; Sebastiano Scattolin 24-5c.

Accursio: 79cr.

Alamy Stock Photo: Arcaid Images 45tr; Diego Barucco 128cla; Bon Appetit 122tl; Dennis Cox 45br; Cultura Creative 3tr, 132-133; Stephen Emerson 18-19c; EmmePi Travel 71tr; Giulio Ercolani 7tr, 125t; Findlay 19br; funkyfood London / Paul Williams 15tr, 19tl, 20-21b; Roger Goodwin 20cla; Giulio Di Gregorio 85tr; Hemis 41bl; imageBROKER 14-15, 69tr, 96tl; Ingolf Pompe 86 72b; Ivoha 64b; Ivy Close Image 20clb; Yadid Levy 50t; LOOK Die Bildagentur der Fotografen GmbH 97clb; Marshall Ikonography 120ca; mauritius images GmbH / ClickAlps 21tl, Visual&Written SL / WPICS / HAL BERAL 21crb; Angus McComiskey 33tl;

Sandro Messina 114tl; Francesco Palermo 50bl; Photo 12 57tr; Photolocate 6c; Massimo Piacentino 28bl, 125crb; Domenico Piccione 14cl; Realy Easy Star / Toni Spagone 28crb, 29cr, 81cl, 82t; REDA &CO srl 34crb, 34bl, 61cra; Rolf Richardson 10tr; Rolf Nussbaumer Photography / Stefan Huwiler 10crb; Romas_ph 92cra; Roberto Lo Savio 2tl, 8-9; Peter Scholey 35t, 36bl, 51c; Neil Setchfield 29tl; Ivan Vdovin 2tr, 4crb, 40-41; Martyn Vickery 83clb; Westend61 GmbH 54tr; Jan Wlodarczyk 3tl, 24br, 88-89, 106-107; Michal Zieba 67tr.

The Antonio Pasqualino International Puppet Museum: 68br.

AWL Images: Neil Farrin 11tr; Hemis 65cla, 109b; Katja Kreder 4t, 60t, 100cl; Sabine Lubenow 86crb; Ken Scicluna 33crb; Marco Simoni 16-17, 46bl, 100-101bc.

Cantavespri: 73cl.

Cantine Pellegrino, Marsala: 104tl.

Capitolo Primo: 123crb.

Exit 10&LOVE: 73br.

La Capinera: 115cra.

Le Colonne, Taormina: 82cb.

La Coppola Storta: 95c.

La Darsena da Iannuzzo, Syracuse: 131cra.

Depositphotos Inc: Alesinya 49crb; agiampiccolo 124tl; boggy22 30-31c; elisalocci 126cl; giuliaisabella 68tl; siculodoc 30cl.

Dreamstime.com: Al1962 76tl, 81bc; Ivan Vander Biesen 47tr; Delstudio 113cr; Dianaphotography 4cla; Yury Dmitrienko 102t; Sabrina Dvihally 118tl; Ebastard129 85clb, 112b, Ellesi 103bl, Emicristea 32-3b, Marzia Giacobbe 76bl; William Giannelli 83tr; Yulia Grigoryeva 122br; Kityyaya 48b; Vladimir Korostyshevskiy 94cla; Lachris77 30crb, 114br; Lev Levin 38cl; Elisa Locci 24cla; Lorenzograph 77cl; Anna Lurye 6b, 10b, 18cl, 126br, 130b; Mahroch 11crb; Stanisa Martinovic 45cl; Marzolino 52-53bc, 84tr; Mattiaath 65br; Mirekdeml 128cla; Martin Molcan 62-63; Nanisimova 110-111; Pavlinec 44tr, 53cla; Ariadna De Raadt 105cl; Ralligeller 44b; Andrea G. Ricordi 103cr; Jozef Sedmak 12clb, 13bl91br; Denise Serra 117ca; Siculodoc 69cl; Alessandro Antonio Storniolo 55tr; Thevirex 87br; Travelling-light 123ca; Raluca Tudor 77tr; Tupungato 116ca; Denisa Vlaicu 109cra; Voevale 19cr, 75cl, 77bl; Andreas Zerndl 46t.

Ristorante Duomo: 79bc.

Getty Images/iStock: Stefano Bianchetti 42b, 56t; Culture Club 53tr; De Agostini Picture Library 39crb, / Archivio J. Lange 38tr / G. Cappellani 39b / G. Gigolini 43cl / G. Dagli

Orti 4clb, 37cb, 42tc, 43br, / G. Nimatallah 90tl; LatitudeStock-Mel Longhurst 31tl; Claudio Lavenia 86tl; Maremagnum 59tr; Fabio Montalto 78b; Vittoriano Rastelli 57bl; Roberto Soncin Gerometta 74b; Slow Images 4cl, 11cra, 108tl; UniversalImagesGroup 55bl.

Internazionale delle Marionette Pasqualino, Palermo: Dorling Kindersley / Demetrio Carrasco 51tr.

Getty Images/iStock: alxpin 12-13c; Brzozowska 4b, 98ca; eddygaleotti 91tr; eZeePics Studio 76c; helovi 52tl; Krivinis 118b; kruwt 127cl; lucamato 38c; master2 60bl, 94b; Rimbalzino 59b; Rolf_52 95tr; RolfSt 11bl; ROMAOSLO 92-93b; SalvoV 11tl; Satephoto 58cl; vladj55 119cla; VvoeVale 117br.

I Luoghi del Lavoro Contadino, Buscemi: 129tr.

Majore, Chiaramonte Gulfi: 78cla.

Museo Geologico Gemellaro, Palermo: 66cla.

Opera dei Pupi di Enzo Mancuso, Palermo: 71b.

Pepe Rosa, Bronte: 115cb.

Regione Siciliana-Dipartimento dei Beni Culturali e dell'Identità Siciliana: 26br, 27tr, 27cl, 27br.

Robert Harding Picture Library: Sabine Lubenow 11clb, 110bl, 111cl; Matthew Williams-Ellis 64tl.

SuperStock: Art Archive 56crb; Cubo Images 74cla; Cubo Images / Giuseppe Greco 128br; DeAgostini 37tl; age fotostock / Mike Randolph 80tr; imageBROKER 72tl, /Martin Moxter 70clb; Melvyn Longhurst 101tl; Marka 67cla; Travel Library Limited 32cla.

Cubierta
Delantera y lomo: **4Corners:** Antonino Bartuccio.

Trasera: **4Corners:** Antonino Bartuccio b; **Getty Images:** EyeEm / Monica Buzzoni tr; **Getty Images/iStock:** alexsalcedo tl, e55evu cla, unknown1861 crb.

Mapa desplegable
4Corners: Antonino Bartuccio.

Resto de imágenes © Dorling Kindersley
Para más información: www.dkimages.com

Ilustración Chris Orr & Associates chrisorr.com
Publicado originalmente en Sargasso Media Ltd, London

Documentación fotográfica Amanda Heywood, Demetrio Carrasco, Nigel Hicks, Bridget Williams

Penguin
Random
House

De la edición española
Coordinación editorial
Cristina Gómez de las Cortinas
Servicios editoriales Moonbook
Traducción DK

Impreso y encuadernado en China

Publicado originalmente en
Gran Bretaña en 2003
por Dorling Kindersley Limited
DK, 20 Vauxhall Bridge Road,
London, SW1V 2SA, UK

Copyright © 2003, 2024 Dorling
Kindersley Limited
Parte de Penguin Random House

Título original Eyewitness Travel
Top 10 Sicily
Décima edición, 2024

ISBN 978-0-241-70533-9

MIXTO
Papel | Apoyando la
silvicultura responsable
FSC® C018179

Frases útiles

Emergencias

¡Socorro!	Aiuto!
¡Deténgase!	Fermo!
Llamen a un médico	Chiama un medico
Llamen a una	Chiama
ambulancia	un'ambulanza
Llamen a la policía	Chiama la polizia
Llamen a los bomberos	Chiama i pompieri

Comunicación básica

Adiós	Arrivederci
Sí/no	Si/no
Por favor	Per favore
Gracias	Grazie
Perdón	Scusi
Buenas tardes	Buona sera
Buenos días	Buon giorno
¿Qué?	Cosa?
¿Cuándo?	Quando?
¿Por qué?	Perchè?
¿Dónde?	Dove?

Frases habituales

¿Cómo está usted?	Come sta?
Muy bien, gracias	Molto bene, grazie
Encantado de conocerle	Piacere di conoscerla
¿Dónde está/n…?	Dov'è/dove sono…?
¿Qué debo hacer para	Come faccio per
ir a…?	arrivare a…?
¿Habla usted español?	Parla spagnolo?
No comprendo	Non capisco
Lo siento	Mi dispiace

De compras

¿Cuánto cuesta esto?	Quant'è, per favore?
Quisiera…	Vorrei…
¿Tienen ustedes…?	Avete…?
¿Aceptan tarjetas	Accettate carte di
de crédito?	credito?
¿A qué hora abren/	A che ora apre/
cierran?	chiude?
este	questo
ese	quello
caro	caro
barato	a buon prezzo
talla (ropa)	la taglia
número (calzado)	numero
blanco	bianco
negro	nero
rojo	rosso
amarillo	giallo
verde	verde
azul	blu

Visitas

galería de arte	la pinacoteca
parada de autobús	la fermata dell'autobus
iglesia	la chiesa
	la basilica
cerrado por vacaciones	chiuso per le ferie
jardín	il giardino
museo	il museo
estación de ferrocarril	la stazione
oficina de turismo	l'ufficio di turismo

En el hotel

¿Tienen habitaciones?	Avete camere libere?
habitación doble	una camera doppia
con cama de	con letto
matrimonio	matrimoniale
con dos camas	con due letti
habitación individual	una camera singola
habitación	una camera
con baño,	con bagno,
con ducha	con doccia
Tengo una reserva	Ho fatto una
	prenotazione

En el restaurante

¿Tienen mesa para…?	Avete una tavola per…?
Quisiera reservar	Vorrei riservare
desayuno	la colazione
comida	il pranzo
cena	la cena
la cuenta	il conto
camarera	cameriera
camarero	cameriere
menú del día	il menù a prezzo fisso
plato del día	il piatto del giorno
entrante	antipasto
primer plato	il primo
segundo plato	il secondo
verduras	contorni
postre	il dolce
cubierto	il coperto
carta de vinos	la lista dei
copa	il bicchiere
botella	labottiglia
cuchillo	il coltello
tenedor	la forchetta
cuchara	il cucchiaio

La carta

l'acqua	agua
minerale	mineral
gassata	con gas
naturale	sin gas
'agnello	cordero
l'aglio	ajo
al forno	al horno
alla griglia	a la plancha
la birra	cerveza
la bistecca	filete
il burro	mantequilla
il caffè	café
la carne	carne
carne di maiale	cerdo
la cipolla	cebolla
i fagioli	judías
il formaggio	queso
il fritto misto	frituras
la frutta	fruta
frutti di mare	marisco
i funghi	champiñones
i gamberi	gambas
il gelato	helado
l'insalata	ensalada
il latte	leche
il manzo	ternera
l'olio	aceite
il pane	pan
le patate	patatas
le patatine fritte	patatas fritas
il pepe	pimienta
il pesce	pescado
il pollo	pollo
il pomodoro	tomate
il prosciutto	jamón
il riso	arroz
il sale	sal
la salsiccia	salchicha
il succo	zumo
d'arancia/di limone	de naranja/limón
il tè	té
la torta	bizcocho/tarta
l'uovo	huevo
vino blanco	vino blanco
vino rosso	vino tinto
le vongole	almejas
lo zucchero	azúcar
la zuppa	sopa

Números

1	uno
2	due
3	tre
4	quattro
5	cinque
6	sei
7	sette
8	otto
9	nove
10	dieci
11	undici
12	dodici
13	tredici
14	quattordicci
15	quindici
16	sedici
17	diciassette
18	diciotto
19	dicianove
20	venti
30	trenta
40	quaranta
50	cinquanta
60	sessanta
70	settanta
80	ottanta
90	novanta
100	cento
1.000	mille
2.000	duemila
1.000.000	un milione

Tiempo

un minuto	un minuto
una hora	un'ora
un día	un giorno
lunes	lunedi
martes	martedi
miércoles	mercoledi
jueves	giovedi
viernes	venerdi
sábado	sabato
domingo	domenica